変貌するギリシア哲学

Transformation of Ancient Philosophy

変貌するギリシア哲学

内山勝利　*Katsutoshi Uchiyama*

岩波書店

目次

I　ギリシア哲学への新視座 ―――― I
創造的発見の場としての古典 …… 3
古典の挑発力 …… 13
――「西洋古典学」から「ギリシア・ローマ学」へ
英知と学知のあいだ …… 25
――古代ギリシア哲学が求めたもの
変貌する哲学史 …… 39
――ギリシア哲学世界から見えてくるもの
II　ソクラテスの余波 ―――― 65
プラトン的対話について …… 67
――若干の補遺と再確認

哲学の始点における断片的対話……87
ギリシア・コスモポリタン列伝——「世界市民」の可能性を考えるために……99

Ⅲ　言葉と宇宙——121
宇宙誌の文体——初期ギリシア哲学における言語と世界……123
人の語りとしてのロゴス——ヘラクレイトスにおける言語と世界……145
解体する自然のさ中なる生——エンペドクレスの「新断片」発見によせて……167

Ⅳ　ギリシア哲学の周辺——183
西洋古典世界の植物相、あるいはJ・E・レイヴンのこと……185

目次

失われたテクストを求めて——V・ローゼのことなど …… 199
古代著作の再発見——中世写本から古代パピルスへ …… 205
連作短歌調『イリアス』——ホメロス定型訳の試み …… 215
乱舞する言葉の群 …… 223
寺田寅彦とルクレティウス …… 229
『経国美談』の古代ギリシア世界 …… 235
ガレノス覚書 …… 241
「賢者」プルタルコス …… 249

あとがき 255
初出一覧
固有名索引

I

ギリシア哲学への新視座

創造的発見の場としての古典

1

ギリシア彫刻の美しさを思い浮かべてみよう。たとえばミロのヴィーナスでもいい。むろんあの女神像を古代ギリシア人も美しいと思ったに違いない。そして、現代のわれわれもそれに感嘆する。長い時間をへて今日によみがえったその美しさは、しばしば「永遠の美」と言われ、「不朽の美」と称賛される。

たしかに、それは時をへだてた多くの人びとに、同じように美の規範としての感動を与える。さしあたりその意味で、それを美における「古典」と言うこともできよう。しかし、もう少し考えてみたい。実際には、この彫像も一九世紀に発掘されるまで長くうち捨てられ、埋もれてきたのである。ギリシア人にとっては神の崇高さを具現していた女神像が、後の歴史の中では、むしろ神性に反する瀆神的なイコンとして排斥されてきた。そして再発見された近代においてそこに見いだされたのは、古代ギリシア人の美意識にはおよそありえなかった「藝術美」の理想だった（この理念はようやくカントに始まる）。その場合、同じ一つの彫像を美しいものとして見ているにせよ、古代ギリシア人とわれわれとは、ほんとうに「同じ」美しさを感じているのだろうか。それを「同じように」美しいと思っているのだろうか。むしろ、時代も場所も大きく異なった世界にあって、両者は全く異なった美的経験と美的基準でものを見ていると考えたほうがいいだろう。とすれば、明らかに、それぞれが感受している美は異なっている、とするべきである。

おそらく、「それにもかかわらず」ミロのヴィーナスは、ギリシア人にも、現代のわれわれにも美しい彫像と見えるのである。まったく違った美意識と感覚のそれぞれに対して現われる美は、やはり別の美だと言わなければなるまい。しかし、言い換えれば、ミロのヴィーナスはそれだけ別様な見方に応じて、それぞれに美を顕現させうるだけの重層性をその内に蔵しているのである。そして、「古典」とは、むしろそのようなあり方において位置づけられるべきではないか。

2

文藝や哲学思想の「古典」についても、同じことが言えよう。古代ギリシアの著作であれば、たとえばホメロス（前八世紀頃）やプラトン（前四二七―三四七年）の「不朽の価値」を、われわれはたたえる。しかし、これらの作品もけっしてあらゆる時代を通じて愛好尊重され続けてきたわけではない。むしろ、きわめて危うい伝承事情の偶然にまかされて、辛うじて今日まで伝えられてきたのである。実際、すぐれたギリシア古典のどれほど多くが歴史の淘汰の過程で滅失したことか。事情を哲学分野に限ってみても、まず間違いなく書かれた著作のすべてが伝存しているプラトンのような場合は、きわめてまれな例外としなければならない。他には、新プラトン主義者のプロティノス(後二〇五―二七〇年頃)のケースがあるだけであろう。

アリストテレス(前三八四―三二二年)の哲学書として今日伝えられているものは、分量的にはプラトンを凌駕するほどだが、それらはすべて、実は彼の講義草稿のたぐいを纏めたもので(それだから文献的価値が低いというわけではないが)、比較的若いころに多数書かれて公刊された文字通りの「著作」は、古代ギリシア文化の衰退とともに消失した。また、他にもほとんど無数の哲学者たちがいたし、プラトンやアリストテレス以上に大量の著作を残した思想家も多い。古代原子論の大成者デモクリトス(前五世紀)やストア派のポセイドニオス(前一三五頃―前五〇年頃)には、それぞれ二〇〇巻以上にも上る著述があったが、やはりすべて滅失し、他の著作家たちが引用しているわずかな断片章句が伝えられているだけである。

さしあたり強調しておきたいのは、古典とは、少なくともギリシア・ローマの古典とは、確固たる規範として維持存続されてきたものではなく、むしろ激しい毀誉褒貶にさらされつつ、辛うじて歴史を生き抜き、いくつかの時代の岐路において新たに発見されながら、それぞれの時代状況に拮抗しうる力を示現してきたものだ、ということである。それが古典と呼ばれる所以は、むしろその多面性、重層性にあり、いまなお汲み尽くされることのない、多様な深い意味の可能性を内に湛えたマトリックスでありつづけているところにこそあるだろう。

3

事情を、プラトンに即して、さらに見ておきたい。——われわれにとっては意外にも思われようが、おそらくプラトンは(そしてアリストテレスも同様だが)、古代ギリシアにおいては、ついに哲学の本流に位置することはなかった、と言ってもいいのではあるまいか。むしろ一一〇〇年間にわたるギリシア哲学の歴史は、基本的に、彼ら以前の初期哲学(いわゆるソクラテス以前の哲学)の展開に終始したと見ることができよう。それは、大まかに言えば、宇宙世界がどのように形成され、現にどのようにあるかの洞察を第一義とし、それを踏まえることで人間の生の意味と運命を見通そうとする共通の図式を骨格とした哲学であった。比較的残された断片量の多いヘラクレイトスやエンペドクレスなどについては、その全体構想をよくうかがうことができる。

われわれの通念的な了解によれば、ギリシア哲学はソクラテスの決定的影響のもとに、プラトンおよびアリストテレスによって大成されたのであり、彼ら以降のヘレニズムの哲学は古典的完成からの拡散と矮小化の過程と位置づけられる。しかし、(すでに別の機会にも述べたことだが)実際にはむしろ二人の大哲学者を置き去りにするようにして、ヘレニズム時代はふたたび初期以来の「本来の」ギリシア哲学に立ち返っているのである。この時代を代表するストア派やエピクロス派は、個人中心の倫理学に焦点をしぼりながらも、一面においては、ソクラテス以前の哲学の宇宙論的体質をきわめて強く受け継いでいる。言うまでもなく、ストア派の祖ゼノン(前三三四―二六二年)やエピクロス(前三四一―二七〇年)は、イオニア哲学の風土の中に生い立った人たちであり、アテナイの新しい哲学動向の洗礼を受けたのちも、それぞれにヘラクレイトス思想やアトミズム(古代原子論)の旗幟を鮮明にかかげ、それらを哲学の基盤としたのである。それは個々の教説についての継承や転用の問題ではない。踏襲されているのは、思考の骨格とスタイルである。

プラトンやアリストテレスの没後、ギリシア世界でも、彼らの哲学が長く振るわなかったことはまぎれもない。おそらく、あまりにも新しすぎた知のパラダイムとして、それらはすぐには時代に受け入れられなかったのであろう。アリストテレスは長期にわたって影をひそめるしかなかったし、プラトンについても、ようやく紀元前後から新たな著作の編纂がなされたのにつづいて、いくつかの『プラトン入門』的な著作(たとえばアルキノオス)が現われるが、それらのプラトン理解はきわめて浅い。本格的なプラトン哲学復興は、後三世紀のプロティノスに始まる新プラトン主義の活動をまたなければならなかった。

新プラトン主義的な理解によって、プラトンははじめて本格的な哲学「体系」としての地位を確保した。もっとも、それは、(ここでは深く立ち入ることはしないが)旧来の哲学観ないしヘレニズム的な立場からプラトンおよびアリストテレスの思想を一体的に同化吸収しようとした試みであった。そうした意図をもった新プラトン主義は、その後も長くさまざまな仕方でプラトン解釈の基調となったが、必ずしもその思想的潜在力を十二分に剔出するには至らなかった、と言わなければなるまい。

4

古代思想の枠組を越え出ていたプラトニズムの本姿は、むしろ新プラトン主義を克服しようとした近現代の理解の中で、はじめて明らかになりつつあるのかもしれない。一九世紀に始まった近現代的なプラトン理解と受容は、少なくとも、それ以前とはまったく様相を異にする新たなものである。

今日われわれは、言わば「同時代の哲学者」としてプラトンを読んでいる。そうした趨勢は、国民的「教養」理念の根幹にギリシア・ローマ古典を置いた近代西欧社会で醸成された。その広義のルネサンス(あるいは西欧の近代化の過程)の中で、とりわけプラトンは大きな役割を担った。その一端を、J・アナスのコンパクトな叙述によりながら、一九世紀イギリスにおけるプラトン『国家』受容の変遷を通して見ることにしよう。

彼女が指摘しているように、この名高い著作がプラトンの代表作とされ、そこに論じられた哲学と国家論が真剣に受け止められるようになったのは、ようやくそのころからのことである。それまでは、もっぱらファンタジックなユートピア論と見なされてきた、と言っていい。一九世紀に至って本書の位置づけは劇的に変化したのである。

この時代におけるプラトン復興のきっかけとなったのは、一八〇四年にトマス・テイラーの英語訳(けっしてすぐれたものではないが)が出たことである。もっとも、彼は旧来の新プラトン主義的ロマンティシズムの中でプラトンを理解しており、その影響も、直接的にはワーズワースのような詩人たちを始めとする文学的なものにとどまっていた。

しかしそれは、一九世紀イギリスにおいて、プラトンを哲学の「専門領域」から解放し、より広範な国民的教養の書として迎えられる動向の始まりともなった。一九世紀半ばのプラトン研究の最も熱心な担い手は、功利主義哲学を標榜するJ・S・ミルのサークルの人たちで、その一人が銀行家のG・グロートであった。彼のプラトン理解は(むしろいい意味での)アマチュアリズムに立っていたが、主著の『プラトン』(一八六五年)は、すぐれて同時代的な視点でプラトンの生涯と著作を丹念に祖述したもので、今日もなお参照するに価する記述が少なくない。本書においてプラトンの「対話性」を重要視し、議論による真理の探求者という新たな側面を強調したことは、その後のプラトン研究を先取りするものとなっている。また『国家』についても、重要な哲学的・政治学的著作として、正当な位置づけと評価が与えられている。

さらに、プラトンに国民的哲学書としての決定的な地位を確定したのは、理想主義の哲学者B・ジョウエットによるきわめて平明な英訳と的確な解説であった(一八七一年)。彼は、倫理学を基盤とした政治哲学と国家論に、プラトン哲学の基本線を見いだした。それに連動して、はじめて『国家』がプラトンの主著と見なされるようになり、そこに論じられているさまざまな議論から、ヴィクトリア朝の政治・社会状況に対する示唆が引き出された。その影響は当時の英国社会に大きく広がった。「哲人王」の理想は、当時の社会的エリートに公正無私と献身の理念を明示し、貴族的階層社会から教育と能力評価による平等社会への移行に正当化の根拠を与えた。最もユートピア的な主張と思われた男女平等論までも、女性の教育機会と社会進出を促す機縁となったのだった。

5

ついでに触れておけば、理想主義的『国家』像は、二〇世紀において一挙に暗転する。しかし、それもまた「生ける書」としての「古典」に負わされた宿命かもしれない。この「戦争と革命の時代」において、しばしばプラトンは政治の場に魔を呼び出す名と化した。民族と国家が利害と理想をないまぜにしつつ世界的規模で争いを繰り返し、帝国主義支配や全体主義的動向が盛衰したこの間の様相は、そのままプラトンの時代のギリシア世界(特にスパルタ勢力とアテナイ勢力との対立抗争)に類同化され、東欧に実現した社会主義体制や西欧社会内部に現われた独裁主義国家を支える理念のうちに、プラトン哲学の反映を見ようとした人たちは少なくなかった。古典に精通した政治学者E・バーカーの評言を借りれば、わずか二、三十年の間に、プラトンは「いったんは左翼的革命家、社会主義の予言者とされたかと思うと、次には右翼的改革者、ファシズムの先駆者と見なされた」のだった。たとえば、K・R・ポッパーの『開かれた社会とその敵たち』は、日本でも広く読まれたプラトン批判書であるが、そこには「哲人王」が直接的にレーニンやヒトラーに重ね合わされている。

むろん、彼らのプラトン「解釈」に疑義を呈することは容易い。と言う以上に、あまりにも粗雑で明白な誤りを逐一ただすことに無益な労を要するのみで、プラトンの議論とかみ合わせて批判することなど、ほとんど不可能なありさまだと言わなければなるまい。とはいえ、たとえばポッパーを読み直してみて驚かされるのは、いかに誤謬と歪曲に満ちあふれた仕方ではあれ、プラトンの思想が現代においてもなおあれほどに激しい言葉で語ることを促すだけの、リアルな触発力を持ちえているということである。ある意味で、(たとえば)ポッパーはあやまつことなくそれを感知していたのであり、きわめて鋭敏にプラトンに反応していたとも言えよう。『国家』に展開されているようなラディカルな挑発を、誤読に陥ることなく的確に受け止め、無数の逆説とアイロニーを通じて語られた真意を剔出していくことは、容易ではあるまい。それに共鳴するにせよ否定の立場をとるにせよ、誤解の中に迷い込むおそれに変わりはないのである。その意味では、たしかにプラトンは危険な思想家である。

6

ここでこれ以上プラトン論には立ち入らないでおこう。当面強調しておきたかったのは、古典とはそれぞれの時代と場所において、まったく異なった相貌を現わし、まったく異なった作品として各時代の状況を大きく揺り動かす力を示してきたものである、ということだった。繰り返しておくならば、むしろそうした各時代ごとの多様な読みに応答する多面的な解釈の可能性を内にはらみつつ、新たな思想の創出を促す無限の触発性と挑発力においてこそ、それはその地位をたえず更新しつづけていくのである。やや一面的に強調して言えば、「いま」を生きるわれわれが、われわれ自身の発する問いを最も効果的に深化させる場として古典に対峙していくこと、そうして古典の形骸化を排除し、「いま」の内に賦活せしめる営みを持続することが、真の古典理解を切り開く道であろう。たえず古典を挑発し、古典から新たな挑発力を喚起することに努めなければならない。古典を読むことは、すなわち「いま」を読むことである。

古典の挑発力
――「西洋古典学」から「ギリシア・ローマ学」へ

「古典」は、さしあたり「不朽」の価値を持った作品、確乎不動の規範としてわれわれの生の諸相を律する力を持ったもの、と見なされるのが通例である。むろん、それとして数えられる作品は、いずれも長い年月を通じて読みつがれ、それぞれの時代において尊重されてきたものである。とはいえ、実際にはけっしてそれらは「確乎不動」の地位と評価を与えられたものとして受容され継承されてきたわけではない。むしろ、その本然は(さらにはテクストそのものでさえ)生成の相のもとにおいて見てとられなければならないであろう。事実、あらゆる古典は通過してきた各時代ごとにまったく異なった相貌を現し、ときには否定や無視にすらさらされながら、まったく異なった作品として、それぞれの時代を大きく揺り動かす力を示してきたのではないか。そして、そうした各時代ごとの多様な読まれ方に応答する多面的、多層的な内実を可能性として内にはらみつつ、新たな思想の創出を促す無限の触発力あるいは挑発力においてこそ、古典はその地位と価値をたえず更新しつづけているのではないか。したがって、古典の伝承とは、ただ古典と見なされてきたものを既定の評価に準拠して温存していくことによって存立するものではありえないであろう。やや一面的に強調して言えば、「いま」を生きるわれわれが、われわれ自身の発する問いを最も効果的に矯め直す場として意識的に作品に対峙していくこと、そうしてその古典性にあえて揺さぶりをかけ、「いま」の内に賦活せしめる営みを持続することが、真の伝承を形成していくための本来的なあり方に思われる。たえず古典を挑発し、また古典から挑発力を喚起することに努めなければ、古典が古典でありつづけることはできないであろう。

＊

むろんこうした強調に殊更の新味はないかもしれない。しかし、そのことは常に新たに自覚されていかなければなるまい。古典を生きたものとして意識し、われわれ自身の生との関わりの中へ置き入れるべく努める営みは、そのこと自体に、新たな時代と状況の中で新たな様相とあり方が与えられていかなければならないからである。思想における「解釈学的循環」の必然性とダイナミズムを唱えたH＝G・ガーダマーの言い方を借りれば「解釈とは別様の理解である」。それは古典受容の困難を示唆するとともに、しかし、けっしてネガティヴな「循環」だけを意味するものではない。テクストそのものが指示する単一の内実とは、けっして現実態として確定し得ない理想体にとどまるしかないものである。とすれば、「別様の理解」とは、けっして「誤解」ではない。むしろそれは、作品との関係の中で成立し(誤解とはその関係の断絶にほかなるまい)、それのみが真の「理解」への方途である、多様な個別理解の諸相として「別様の理解」は開かれてくるのであり、さきに触れたように、そうした「多様」への可能性を限りなく蔵している場こそが「古典」なのである。

今日われわれが相応に共有している古代ギリシア像もまた「別様の理解」において、多様な揺らぎを蔵しつつ、かろうじて成立しているものでしかありえない。たとえば、タレスに始まりソクラテス、プラトン、アリストテレスにおいて最高度に完成され、その後ヘレニズム期の諸学派へと拡散されていく、というかたちで整理されたギリシア哲学史なるものも、実のところ、ギリシア的 philosophia の総体からわずかな部分を抽象的にすくい上げたものでしかないことは、およそ誰しもが了解しているところであろう。「哲学」の始点をタレスに取ることも、実はほとんど任意の一点をそれと定めたものにすぎず、本来は彼と相前後する時代にさまざまな分野に台頭してきた多面的な活動のすべてを総覧する仕方で考察されなければならない事柄である。また、ソクラテス、プラトン、アリストテレスにおいて哲学は完成されたとする評価も、明らかにはるか後代に定着したものであって、古代ギリシアにおけるリアル・タイム的な哲学思想の本流は、彼らを孤立した高みに追いやったまま、常に「初期ギリシア哲学」的なパラダイムによって一貫されていた、というのが実相であろう。とすれば、むしろそれゆえにこそ、プラトン哲学、アリストテレス哲学の「再発見」と「再評価」が、一度はプロティノスに始まる新プラトン派によって、そしておそらくは二度目として数え直すべき、さらに徹底した仕方で近代西欧においてなされたことの意味は大きい。とはいえ、なお注意しておかなければならないのは、それらもまた広大なギリシア哲学史の中に見いだされた一局面でしかないということである。いまだ汲み尽くされていない多様性を秘めた思想的鉱脈として、ギリシア哲学はありつづけているだろう。そして、それを新たに掘り起こすためには、さきに述べたような「古典」への向き合い方をより鋭いものにしていく必要がある。

＊

その一つの契機として、当面の論点としたいのは、古典とわれわれとのより直接的な関わりを意識することである。

われわれの「西洋」古典学が、今日という時において日本の地で営まれているという事実から遊離しきることはできないであろうし、また遊離するべきでもないであろう(「方法的」遊離はありうるにせよ)。これは明らかに一定の制約であるとともに、その制約こそがわれわれの西洋古典学を成立せしめる条件であり、またその存立根拠でもあるだろう。むろんそれは西欧内部での意義に裏付けられた伝統をそのまま継承するものではありえず、むしろ異なった伝統の内に移植されたものとして新たに進展していくべきものである。しかし、その事実は反面において西欧的伝統から自由な立場に置かれているということでもあって、われわれはおのずから(あるいは否応なく)独自の「西洋」古典学の可能性へと開かれている、とも言いうるはずである。

遡って言えば、もともと西欧の古典学そのものも一枚岩的な存在としてありつづけているわけではない。その内部にあっても、古典研究のありようは、研究のスタイルやパラダイムにおいて、ほとんど各国ごとにそれぞれに異なっており、それぞれに独自の思想的・学的コンテクストの中で、固有の「伝統」なるものを形成してきた、と言ってよかろう。なるほどその相違は、わが国と西欧全般との間の相違に較べれば小さなものであるかもしれない。しかし、けっして単一の古典学があるわけではないのである。われわれもまた(ただし、性急な理念化は空疎なものに終わることは目に見えているが)、日本における西洋古典学としての独自性を明確にすることで、あるいはむしろ、明確にしうるほどに研究水準を高めることによって、われわれの西洋古典学をよりいっそう意義あるものたらしめることを意識的に目指したとしても、あながち否定さるべきではあるまい。明らかに、われわれにはなお西欧の伝統から学ぶべきものが多々あるにせよ、もしそれを西欧の古典として外来の学の受容という対応から脱却しようというのであれば、その前提としてギリシア・ローマを「西洋古典」世界と位置づけるのではなく、直接われわれ自身にとっての「古典」世界として相対し、それに直結する意識をもつことがなければならないであろう。

ここでわが国に行われている「西洋古典(学)」という名称について、やや言いがかり的な付言をしておきたい。さしあたりそれは東洋の諸古典領域との峻別にたったものである限りでは、当然の名称だが、同時にそれは「西洋」にとっての「古典(学)」という含みを伴っていることは否みがたいであろう。そして、事実それは、われわれにとっても、「西洋文化」をその源流に遡行して理解することを眼目に、言わば近代西欧というフィルターを通して、古代ギリシア・ローマの知的・文化的遺産を考究する営みであった。すでに触れたように、「西洋古典」としての位置づけにおける古代ギリシア・ローマとは、ルネサンス以降のヨーロッパにおいて、その時代的パースペクティヴの中で歴史的要請に即して、しかしきわめて見事な仕方で抽出され、組み替えられ、再構成された古代であった。言い換えれば、その本然の一局面にほかならない。その意味では、既存の古典学のグローバル・スタンダード化に異議を唱える余地は十分にあり得るのであり、一つの新たなスタンスとして、西欧を介在させずに、ギリシア・ローマをより直接的に「われわれの」古典世界と位置づけ直すことで、「ギリシア・ローマ学」として取り組むことで、新たに見えてくるものはけっして少なくないであろう。

古典をわれわれ自身の立脚点に固執して捉え直そうとすることは、もとより恣意的・主観的な解釈に引き寄せることを意図するものではない。むしろ、いま述べたような意味において、西欧的伝統枠にとらわれずに、直接ギリシア・ローマ古典に関わることにほかならない。裏返して言えば、「ギリシア・ローマをギリシア・ローマから理解する」態度に徹するとき、おそらく、おのずからわれわれは最もよくわれわれ自身の立脚点に立ちうるのである。

＊

新たな古典学を模索するとき、また他方で、むしろ西欧内部においてギリシア・ローマを端的に「古典」として位置づける伝統的立場から意図して距離をおき、それに他者なるものとして対することと、ある一つの現実世界として相対的・対象的にそれを展望し直す動きが進展していることにも注目してよかろう。そうした動向は、以前から繰り返し表面化してきたが、二〇世紀後半からは、それがむしろ全般的な基調となろうとしている。とりわけ大きな影響を及ぼしてその流れを決定づけたものとしてE・R・ドッヅの論集をあげることができよう(E. R. Dodds, 1951 煩を避けて当該著作名は文末に一括表示する。以下も同様)。哲学固有の領域に近いところでは、とりわけ初期ギリシア哲学の再検討の進展が顕著である。一九世紀末から二〇世紀はじめにこの分野が改めて注目を集めたのは、むしろ科学的合理性の理想のパラダイムとしてであった。P・タンヌリ(P. Tannery, 1887)、J・バーネット(J. Burnet, 1892)、Th・ゴンペルツ(Th. Gomperz, 1901–12)などがその代表である。彼らはいずれも、当時ヨーロッパに盛行していたヘーゲルないしドイツ観念論的な哲学傾向に対抗して反観念論・反形而上学的な哲学を求め、科学的理性の理想を古代ギリシア、とりわけソクラテス以前の哲学世界に見いだそうとする意図を持っていた。H・ディールスが膨大な古代文献の博捜によってその時代の哲学者たちの著作断片と関連資料の集積に努めた(H. Diels, 1903)のも、彼らの哲学的立場に共鳴し、それに呼応してのことであった。その営為はのちにW・クランツ(W. Kranz)の協力をも得つつ、およそ半世紀にわたってつづけられていく。これらの初期ギリシア哲学研究は二〇世紀前半の自然科学者たち(たとえばW・ハイゼンベルク、E・シュレディンガーなど)の理論形成に大きな実質的影響を与えた。また、科学哲学者K・ポッパーの提唱した「科学的発見の論理」は、まさに「ソクラテス以前」の思想家たち(たとえばパルメニデス、クセノパネス)のうちにそれを裏付ける先行モデルを見いだすことが端緒となったのである。この領域に関する彼の諸論考が纏められたのは比較的最近のことであるが(K. Popper, 1998)、それらが発表されたのは主として二〇世紀半ばにおいてであった。

しかし、初期ギリシア哲学への理解と評価はちょうどその頃から大きく変わり、ポッパーの主張は新たな議論の中で激しい批判にさらされることとなる。すでにそれ以前からW・イェーガー(W. Jaeger, 1947)やG・ヴラストスらによって適切に始められていたさらなる見直しが加速されようとしていた。U・ヘルシャー(U. Hölscher, 1968)やM・L・ウェスト(M. L. West, 1971)らによってギリシア哲学とオリエント思想との類縁関係や影響関係が強く主張されたのもその一環であった。最近では、初期ギリシア思想における非理性的な要素や古来の神秘宗教的要因からも目をそらさずに理解の中に繰り入れる方向、むしろそこにこそ本来の特質を見ようとする趨勢がより鮮明化している。W・ブルケルト(W. Burkert, 1962)のピュタゴラス＝シャーマン説や、さらには魔術的伝統の中でエンペドクレスやパルメニデスを論じているP・キングズレイ(P. Kingsley, 1995)などに、その典型を見ることができる。さきにバーネットが「唯物論の創始者」と見なし、ポッパーが「科学的発見の論理」のモデルを見いだしたパルメニデスについてキングズレイが一九九九年の著書(P. Kingsley, 1999)で論ずるところを見れば、最近の動向変化は明白であろう。パルメニデス(いや、最近エレアの遺跡で発見された碑文によりながら、彼は「パルメネイデス」が正しいとして、同書の後半部ではもっぱらそう表記している)の正体は、さきに一九九五年の著書で彼が描き出したエンペドクレス像とまったく相似形をなしていて、「ウーリス」という語を冠せられた魔術師の一族、すなわちアポロンに仕える神官にして夢解きに長じた治療者(イーアートローマンティス)であると言う。そして、彼の哲学詩に論じられている「真実在(ト・エオン)」とは、通常理解のような「光の世界」ならぬ「闇の地下世界」に赴いて体験した死の世界の神秘の開示である。むろんキングズレイは、そうした描像をバーネットやイェーガーに少しも劣らない精緻な「文献的実証」によって裏付けている。

G・E・R・ロイド(G. E. R. Lloyd, 1966; 1979)によるギリシア科学思想解釈も、非合理的な要素の混在を積極的に認めることで、古代ギリシア像に別の新たな光を当てたものとして注目されよう。さらに彼は、「古典」としてのギリシアを相対化して捉え直すための手法として、古代中国の科学思想とを対比した比較研究にも着手している(Lloyd, 1990など)。彼の作業は、従来にない高度なレベルと方法において新たな意義を持つ比較思想研究であるとともに、とくに社会人類学的な概念として以前から初期ギリシア思想研究にも導入されてきた「メンタリティ」というタームの再吟味という観点からも注目していい作業に思われる。たとえば次のような指摘がある。

このように、中国は、いくつかの点でギリシアの場合とは全く異なったスタイルの初期科学の例証となっているが、しかし中国科学はギリシアと同じく多様であり、想定された何らかの中国的メンタリティなるものの産物であると見なすことは困難である。むしろ、東・西間の重要な相違は、いくつかの主要概念やカテゴリーの突出の仕方の相違や人間関係のスタイルの相違に直接連動している。そして、そこにはまた、それぞれの場合に、社会的・政治的要因が決定的な影響を及ぼしているはずである。(1990, p. 12)

こうした視点は、ギリシア文化そのものの成立過程を「神話」(というプリミティヴ・メンタリティ)から「ロゴス」へという暗黙の図式で取り押さえることにも反省を促すものであり、古代中国への関心は、まさにそうした意図をも踏まえたケース・スタディとなっているのである。なお、中国思想との比較研究的試みは、ロイドのみならず、複数の研究者ないし研究グループによって薦められており、明らかに一つの研究動向をなすものとなっている(R. Wardy, 2000; S. Shankman & S. Durrant, 2000 など)。

おそらくわれわれにとって、そうした研究動向の中でスタンスを取り直すことは西欧内部においてよりもむしろ容易であろう。それはけっして表層的に東洋文化との接点といった場面に限れることではない。異なった伝統と異なった精神的文脈の中にいるわれわれは、当初から否応なく異なった視座からギリシア・ローマ世界を見ざるを得ないし、またそれによって古典文化というマトリックスのうちから、別の新たな可能性を見いだしてくる地歩を図らずも得ているとも言いうるであろう。むろん「学」としての場を共有する以上、われわれにとっても西洋の古典学の伝統に疎遠であることはできない。しかし、それもまた客観的に眺めうる場所にいるのであり、それはけっしてネガティヴな条件としてのみ受け止めるべきものではないはずである。

＊

以下、要約的に繰り返すならば、とりあえず、(そして、おそらくは最終的に)われわれの古典学は、われわれのいる時と場所から古典に問いかけ、問いへの応答を引き出すことにある。古典とは、それに応ずる力を蔵したもののことでなければならない。いまなおその豊かさは、むしろわずかにしか読み解かれていないであろう。ただし、その端的な営みは無制約的な恣意に流れてはならない。歯止めはテクストにある。明らかにテクストそのものも常に生成のプロセスにあるにせよ、そのつどの思考をたえずテクストへと押し戻すことによって、思考に着実なかたちを与えていく手続に固執するとき、われわれは古典学という場の中にとどまることができるであろう。むろん、そこでなされる問いかけと応答が、ときとして、かえってテクストを揺り動かすことにもなるにちがいない。必ずしもテクスト・クリティークが解釈に先行するのではないし、最終的に解釈から自存したテクストもまたありえないからである。両者は一方向的な先後関係にあるものではなく、むしろそれらはたえざる往復運動ないし円環運動をなしていて、相補的に作用しつつ、理想理念としての原テクストと原義との統一体の在処を照らし出し合っていくものに思われる。

〔文中に挙げられた文献リスト〕

Burkert, W., *Weisheit und Wissenschaft*, 1962.
Burnet, J., *Early Greek Philosophy*, 1892.
Diels, H. (u. Kranz, W.), *Die Fragmente der Vorsokratiker*, 1903; 1951–52[6].
Dodds, E. R., *The Greeks and the Irrational*, 1951.
Gomperz, Th., *Greek Thinkers*: Authorised English Ed., 1901–12.
Hölscher, U., *Anfängliches Fragen*, 1968.
Jaeger, W., *The Theology of the Early Greek Philosophers*, 1947.
Kingsley, P., *Ancient Philosophy, Mystery, and Magic: Empedocles and Pythagorean Tradition*, 1995.
Id., *In the Dark Places of Wisdom*, 1999.
Lloyd, G. E. R., *Polarity and Analogy*, 1966.
Id., *Magic, Reason and Experience*, 1979.
Id., *Demystifying Mentalities*, 1990.
Popper, K., *The World of Parmenides: Essays on the Presocratic Enlightenment*, 1998.
Shankman, S., & Durrant, S., *The Siren and the Sage: Knowledge and Wisdom in Ancient Greece and China*, 2000.
Tannery, P., *Pour l'histoire de la science hellène*, 1887.
Wardy, R., *Aristotle in China*, 2000.
West, M. L., *Early Greek Philosophy and the Orient*, 1971.

英知と学知のあいだ
——古代ギリシア哲学が求めたもの

古代ギリシアにおける哲学の成立の過程をたどるとき、神話と哲学は断絶したものではなく、むしろ(批判的)継承の上に哲学は成立していることが見てとられる。タレスが「万物は水からなる」と考えたとき、その発想の源にはホメロスあるいはむしろオリエントの水神神話があった。彼の考察は、ある意味では、神話的世界像を非神話的要素に置換してみせたものということもできよう。神話と哲学の連続性は、初期哲学者たちの著作断片や間接的報告のうちに「神(テオス)」およびその同属語が頻出することにも反映されている。むろん、彼らの神は崇拝の対象という役割を担ったものではない。しかし、彼らは自然学思想の展開のうちに神観念を取り込み、神の持つ深い根源性と絶対的な根拠性を手放すことなく、それを自然そのものに求めたのである。

ピュタゴラスは、時代的にはタレスよりも一世代以上あとに活動したが、彼の知のあり方は、むしろより古層に属しているだろう。彼は「数」の原理による知を開くとともに、知的活動をより直接的に宗教的意義と結びつけた。彼が求めた知とはわれわれの生死のあり方に直結し、それを左右する力としての「英知」(Lore)でなければならなかった。

プラトンやアリストテレスにおいては、哲学知は論理性や認識論的厳密性を強化され「学知」(Science)としての自立性が明確化されるが、しかしなお神的なものへの眼差しと、われわれにとっての知の意味への洞察がより深いものにされている。

これらのギリシア的哲学知の「かたち」を対比的に考察することによって、知は「学知」として客観性(開放性)を備えなければならないとともに、それは、われわれの「英知」への希求によって裏打ちされることなしには空洞化を免れず、無意味なものとならざるをえないことを示したい。

1　初期ギリシアにおける宗教と哲学

われわれは、知の成立過程を考えるとき、しばしば「神話から哲学へ」、「宗教から理性へ」の発展と転換を語る。ギリシア哲学は、神話世界や宗教的伝統を打破することで成立したと広く考えられている。しかし、注意しなければならないのは、初期ギリシアにおいてなされた、そのゆるやかな変容は、けっして端的な対立と断絶によって画されたものではないということである。なるほど、クセノパネス(前五七〇頃—四七〇年頃)やヘラクレイトス(前六世紀末)には、ホメロス(前八世紀頃)やヘシオドス(前八世紀末ないし前七世紀初頭)の神話的叙述に対する、あるいは宗教的・魔術的な儀礼に対する激しい批判の言葉を見いだすことができる。しかし、彼らはそれを神話的なものや宗教的なものであるがゆえに退けているわけではない。むしろ、同じ議論の土俵の上に立つ異なった見解として、対等の立場でそれらに対峙しつつ、その「誤り」を剔出しているのである(1)。

さしあたり、神話的な宇宙生誕論(コスモゴニアー)と初期哲学者たちの宇宙論(コスモロギアー)を一つの視野の中に見通してみることにしよう。この場面において、「神話」と「哲学」は最も端的にモチーフを共有しあい、その連続面と変容の諸相を映し出していることを容易に見てとることができるであろう。最初期の哲学者たちが第一義的な問いとしたのは、何よりも「世界全体がどのように形成され、現にどのようにあるか」ということであった。そしてその問いは、明らかに、宇宙創成神話のモチーフをストレートに継承したものであった。しかも両者は、議論のあり方においても、内実においても、相互対立的であるよりもむしろ一つの連続的な議論の進展の過程をなして、「哲学」の成立へ向かって動いているのが見てとられるであろう。

しかし、それ以前に注目しておかなければならないのは、ギリシアにおいては、神話世界それ自体が一つの閉じられた教説の中で展開されていたのではなく、たえざる生成と再構成の過程にあって、多様なヴァージョンを許容する柔構造的なシステムをなしていた、ということである。ギリシア神話とは、本来のギリシア的諸要素を圧倒してオリエント各地のさまざまな神話要素がほとんど無原則的に流れ込んだところに形成され、その豊かさとともに矛盾や齟齬をはらみつつ、それらの間であやうい折り合いをつけることで、そのつどのまとまりを保ったものであったから、変容はむしろ必然であった。しかもそこには、明らかに、神話体系そのものの内部での「合理化」と「論理的」一貫性追求の姿勢がうかがわれるのである。ギリシアの神話世界と初期哲学とに等しく精通していたG・S・カークによる次のような指摘は的確である。すなわち、古代ギリシアでは文字使用の導入が遅れた結果として（無文字社会と連動した）「一定の伝統的態度が、他の面では進歩的で革新的ですらあった環境の中で、存続することになった。神話がなお重要な役割を担っていたが、首尾一貫性もまた重要視されていた。おそらくは、この希有で逆説的な事態こそが、前六世紀のイオニア地方で始まった合理的な想像力による独自の冒険を可能にする一因となったのであろう(2)」。

すでに触れたように、初期の哲学は神話との訣別において成立したというよりも、むしろギリシア神話内部における「合理化」の動向を継承しつつ、いわば図らずも、まったく新たな世界観を切り開く結果となったのである。世界がどのように形成され現にどのようにあるかについての考察に、恰好の示唆を与えたのは、ギリシア神話のみならず、オリエント各地の神話に語られた多様な宇宙開闢論の読み直し作業にほかならなかった。当初、初期ギリシア哲学者たちは宇宙過程における（単一の）「元のもの」（アルケー）へと遡行し、それからの多様な世界の展開を、「無秩序」から「秩序」（コスモス）へという仕方で構想することを共通のパターンとしてとった。それは、基本的に、『神統記』の系譜論を踏襲したものとみなすことができよう。また宇宙世界全体が自己展開力を持ったものとし、その意味において「生きたもの」と考えた点においても、神話的系譜を促したエロースの力、神々同士の結びつきによる子孫の誕生といった象徴体系との密接な対応が認められよう。彼らはその内実を生物体の持つ生殖力や成長力に引き寄せることで、「自然化」させたのだが、その根拠はなお「魂」(プシューケー)という「神的なもの」に帰着しているのである。初期の哲学にとって、神話が、さまざまな仕方で宇宙論のモデルの役割を果たしたことは、まぎれもない。

むろん、彼らの営為はまったく新たな知的ベクトルを内包させていた。タレスに始まる「哲学」は、それにつづく発展の中で、神話的世界観とは完全に別の方途による世界認識を切り開いていく。しかし、その転換は(たとえばタレスにおいて)一挙に成し遂げられたのではない。少なくとも初期ギリシア哲学が(そして、それは意外に根深く後代に至るまでの古代哲学の基層をなしていくのだが)単に合理的知性の活動であっただけでなく、深い宗教性や神への眼差しに貫かれたものであったことは、すでに早くから注意されてきた。さきに触れたように、この時代の哲学が改めて注目された一九世紀末から遠からぬ時期に、F・M・コーンフォードが哲学の母胎としての宗教という観点に着目していた(彼の見解は、ミレトス派につづくピュタゴラス的な学のあり方を視野の中心に入れるとき、さらに強調されてよかろう)。また、キリスト教神学から遡及して初期ギリシア哲学を考究したW・イェーガーは、その基本的特質を(キリスト教思想に先駆する)「自然神学」に見いだしたのだった(3)。彼の主張がそれ以降の研究動向に与えた影響は大きい。たしかに、イェーガーが「神」という一つの語で繰り込んだものの内実は、神話や宗教においてと初期哲学においてとではほとんど根本的に変化している。その点で彼の見解に異を唱えつつも、G・ヴラストスは、こう述べている。「初期哲学者たちの言うことを鋭敏な耳で聞き取れば、彼らの言説の随所に宗教的な響きが湛えられていることに気づかないではいられず、〔中略〕彼らを単なる自然学者と見なして、彼らの思索から宗教的信条や宗教的感情を除外してしまうことは、まるで時代錯誤的な見方であると考えるべきであろう(4)」。

この事実は、単に当初の哲学が「古代性」の残滓を脱しきれずにいることを意味するものではない。初期の哲学者たちは、神話体系の持つ深い英知に学びつつ、それを新たなシステムに組み替えていった。しかもそのさい、旧来の神話や宗教が取り押さえていた世界の総体とその根源にあるものへの洞察をいささかも抛棄することなく、新たな知のうちに糾合することを試みていた。彼らの活動が単に「科学」に収斂されず、「哲学」という総合知を形成していったのも、明らかに、先蹤者としての神話と宗教的世界観のはるかな視野に拮抗する英知の再構築を課題としつづけたからである。

2　ピュタゴラスにおける学と宗教

ピュタゴラス(前五世紀末)は、タレスを始めとするミレトス派よりも後に活動したが、彼の哲学知は精神史のより深い古層を表わしている。彼はアナクシマンドロスの弟子であるとともに、宗教家シュロスのペレキュデスの弟子であったと伝えられている。いずれの師弟関係も文字どおりには受け取りがたいが、前六世紀イオニアの先進的な思想や文化の洗礼を受けるとともに、当時盛んになりつつあったオルペウス教的な宗教思想にも、早くから精通していたことを示唆するものとしては、まったく無意味な証言ではあるまい。まぎれもなく、これら二つの要因がピュタゴラスという並外れて巨大な人格のうちに一体化されて、最高度の宗教的精神と最高度の学術的精神とのきわめて希有な統合が実現されていたのであろう。

ピュタゴラスが偉大な宗教者の一面を備えた人物であったことは、まず否定しがたい事実であろう。彼について残された資料は、(後代の捏造された、無数の神秘化伝説はさておくとしても)およそすべてが宗教的側面を伝えるものばかりである。最古の証言は、ほぼ同時代人であるクセノパネスがピュタゴラスの輪廻転生の考えを揶揄したものである(断片七)。エンペドクレス(前五世紀半ば)にも、輪廻転生とその輪からの離脱を説きつつピュタゴラスを称賛して「まことに彼は、心の思いの最も豊かなる富を所有し/ありとあらゆる賢い業によよなく通じていた」と語っている断片がある(断片一二九)。ヘロドトスが「非力ならざるソピステース(知者)たるピュタゴラス」に言及しているのも、北方トラキアのシャーマン的な宗教者サルモクシスとの関連においてであり、ここに言われている「知」も明らかに宗教的なものである(『歴史』第四巻九五―九六節)。比較的最近、W・ブルケルトが、関連する古典文献の網羅的、批判的検証を踏まえて、結論づけたところによれば、ピュタゴラスは並外れた能力を持ったシャーマンであり、強烈なカリスマ性を備えた宗教者(hierophant)にほかならないのである(5)。

とはいえ、ブルケルトとほぼ同じころにW・K・C・ガスリーも指摘しているように(6)「彼が歴史上最も独創的な思想家の一人としての個性を有していたこと、数学と哲学的宇宙論との創始者の一人であったことを想定してみなければ、それ以降の思想に彼の名が与えた比類のない印象の跡を、納得のいく仕方で説明することはできないであろう」。イオニア文化の申し子でもあった彼にとって宗教的「浄め」は、きわめて特異な仕方で、彼の「数学と哲学的宇宙論」に直結しているのである。

アリストクセノスによれば「ピュタゴラス派の人たちは、肉体の浄めには医術を用い、魂の浄めのためには音楽(ムゥシケー)を用いた」という。おそらく、ここに言われている「魂の浄め」と「音楽」との関係に、同派における宗教と学問との結節点がきわめて端的に示唆されていよう。彼らは魂を浄めて神に帰一することを目指したが、「音楽」がその最良の方途であると言われるとき、その原義のうちには、明らかに呪術宗教的伝統の余韻が込められていたのであろう(オルペウスは竪琴によって生けるものすべてを魅了した)。しかしその内実は、すでにピュタゴラス自身によって大きく変更されていた。彼にとって、音楽的な「ハルモニアー(音階・調和)」とは、耳で聞かれる美しい響きであるよりも、その響きを構成する音同士の数的比例関係として感得される美しさであった。彼は一弦琴(モノコード)を用いた「実験」によって、音階上の四つの主要な音(古代ギリシアにおいて「固定された」音階のすべて)の間には、基音に対してオクターヴ(二対一)、五度音程(三対二)、四度音程(四対三)という、最も基礎的な数系列からなる最も端的な比例関係があることを発見したと伝えられている。彼は、それによって、音楽の持つ魔術的な力の秘密が数によって説き明かされ、数のうちに顕現していることに気づかされたのであろう。数学とは最も深く音楽を聴き取る方法であり、その意味において数学的学問こそが最高度の音楽であり、最も強力な浄めの実践にほかならなかった。

ピュタゴラスに始まる数学研究は、明らかに、「浄め」という宗教的モチーフに直結したものであった。そして、その強力な動因がピュタゴラス派における数学研究に活力を与え、ギリシア数学を確立する源となったのである。

とはいえ、世界解釈において数の原理が導入されたことの意義は計り知れぬほど大きい。今日に至るまであらゆる「科学」は、数量化と数式化によって事象を把握しようとしている限りにおいて、いずれもピュタゴラスの創始した道の上にあることになろう。また直接的には、彼の思想圏からは次の時代にエレア派やエンペドクレスが現われて、いわゆるイタリア派哲学の伝統を形成し、やや後にはプラトンがすぐれて本質的な点において深い影響を受けることになる。しかし、ピュタゴラスの重要性は、特定の思想的成果や一定の歴史的役割に集約されうるものではなく、永遠的な視野の中で世界とわれわれの生の意味を全一的に捉えきろうとする方途そのものを開き、それを一個の生において実現してみせたことにある。彼は、それによって、哲学という営みが本来目指すべきあり方を最初に明示するとともに、いまだ到達されざる高みにあって、その導きの星となりつづけているのである。

3　ソクラテス的「無知の知」とプラトン

こうした総合性を学知においても求めつづけようとするスタンスは、ギリシア哲学を大成し一個の学として確立したソクラテスとプラトンにも継承されていく。彼らの哲学を支えている基本モチーフを端的に見てとるために、ソクラテスの「無知の知」という立場を取り上げてみたい。「ソクラテス以上の知者はいない」という、奇妙なデルポイの神託をきっかけとして、彼が「無知の知」を自覚するに至ったいきさつは、プラトンによる『ソクラテスの弁明』(20E ff.)でよく知られている。神託に驚いたソクラテスは、とりあえず世に知者と言われている人たち(政治指導者、詩人、技術者)を訪ね歩く。彼らと較べればすぐにでも神託の誤りは明らかになるだろうと考えたからである。しかし、その結果として、彼らも「善・美なること」「肝心なこと」については何も知らない点では彼自身と同様で、ただし彼らのほうは「知らないのに何か知っているように思い込んでいる」のに対して、ソクラテスは「何も知らないから、そのとおりに知らないと思っている」ということが確かめられる。そして「このちょっとしたことで、自分のほうが知恵があることになるらしい」と彼は言う。やはりアポロンは正しかったようだ。ただし、神託の真意はなおその先にあって、神が告げようとしているのは「神のみがほんとうの知者なのであって、それに較べれば人の身に適った知恵など、ほとんど何の価値もない」ということであろう、と彼は解釈を進める(神託は、つねに暗示的に降されるものであって、その真意の解明は再び人間の側に委ねられる)。つまり、われわれには「知らないと知る」ことしかできない、ということである。

ソクラテスの到達した結論は、あたかも知の達成を放棄しているかのようでもある。しかし、実は、それによって全く新たな「人の身に適った知恵」の可能性を開いてもいるのである。われわれには「知らないと知る」ことしか許されていないとしても、それはまたそのつどの「思いなし(ドクサ)」について、「そうではない、として知る」ことでもある。ソクラテス的な知の否定は、そのようにしてさらなる知の追究を促すものでもあって、知を求めながらの否定と論駁は、けっして知的営為を断念するものではありえない。それは必ずより高次の思いなしを誘発し、よりいっそう真理・真実に近接した知の可能性を探り当て、そして再びそれの吟味と論駁を促しつづけるであろう。そのようにして、反復される否定的論駁をくぐり抜けながら、「人の身に適った知恵」はよりすぐれた質を獲得していくことになるであろう。

しかも、見落としてはならないのは、ソクラテスのいわゆる「無知の知」には、実際には知に対する貪欲さが彼に特有のアイロニー(空とぼけ)のうちに包み隠されていることである。「知らない」と言い続けるのは、とりもなおさず、通念的な知のレベル、既存の知のレベルにけっして満足しようとしない意志の表明にほかならない。彼は、人間と神との絶対的な差を自覚することによって、本来的な知の基準を神の高みへと引き上げている。「無知の知」とは一般的な知の水準を越え出たところで求めつづける知のことである。それは、世のあらゆる(そして、いわゆる)

知者たちを経巡った後に到達した立場であったように、あらゆる通念的な知、既成の知（おそらく情報として、理論として、データとして蓄積しうるようなもののすべてを含むであろう）に対して不十分なるものと判定するものである。裏返して言えば、それこそが情報や理論やデータの増量と質的向上をさらに促す原動力となるべきものでもある。

やがて、このソクラテスの立場を踏まえながら、プラトンがイデア論の方向へと哲学的思索を進めていく。往々にして誤解されがちであるが、イデア論とはけっして絶対的な基準によってあらゆるものごとを画一的に截断する理論装置ではない。むしろ、いかなる固定的な理論も公式も現実的な事態を厳密に計りとることができないのであり、あらゆる既成の尺度の不備を見抜き、それを越え出たところに判定基準を求めなければならないがゆえに、要請されるのがイデアにほかならない。したがって、イデアは、現象の多様性のあらゆる細部について、あらゆる相対的要素を勘案しつくし、それらのすべてをけっしてなおざりにしないだけの包摂力を持つべきものであり、もしそれを「絶対的なもの」と呼ぶのであれば、まさにその意味においてなのである。

ちなみに、プラトンは『国家』における（一般に評判の悪い）「理想国家」の建設にあたって、その国民各人の間に存在するあらゆる差異と多様性をそのまま容認し、それを建設の根本前提に置いている。大多数の国民には何らの統制も禁欲も課してはいない。それらが厳しく求められるのは、国家の指導者たちに対してだけである。おそらく、一般の国民は他のいかなる国においてよりも、より大きな自由を享受しながら暮らすことになろう。人間の自然性は最大限に尊重されるべきであり、その理想的達成が、理想国の目指す課題にほかならない。むろん、いわゆる独裁国家からは最も遠い存在である。

知が知として「開放的」であるためには、むしろ、このような意味での絶対性に対して開かれたものであり、たえず宇宙的な全一性を担保したものでなければならないであろう。それを失うとき、かえって学もまた閉ざされたものになるのである。

(1) たとえばヘラクレイトス断片四〇「博識は覚知を得ることを授けない。さもなければ、ヘシオドスやピュタゴラスにも、さらにはクセノパネスやヘカタイオスにもそれを授けたはずではないか」を参照。ここではホメロスも哲学者のピュタゴラスも対等に批判の対象とされている。

(2) Kirk, G. S., *The Nature of Greek Myths*, Aylesbury, 1974, p. 277.

(3) Jaeger, W., *The Theology of the Early Greek Philosophers*, Oxford, 1947.

(4) Vlastos, G., 'Theology and Philosophy in Early Greek Thought', *Philosophical Quarterly*, 2, 1952, pp. 97–123.「ディールスおよびクランツの『ソクラテス以前哲学者断片集』(DK)の事項索引を見ると、「神」(θεός)は八欄にわたってリストされているのに対し、「自然」(φύσις)は六欄だけで、やはり六欄を占めている「宇宙世界」(κόσμος)よりもさらに少ない」という指摘(p. 97 n. 1)は、端的に事柄の要点を示している。

(5) Burkert, W., *Weisheit und Wissenschaft*, Nürnberg, 1962. のちに補訂を含む英語版 *Lore and Science in Ancient Pythagoreanism*, Cambridge, Mass., 1972 があり、参照はこれによる。「ピュタゴラス＝シャーマン」説については、特に p. 217 に簡潔にまとめられている。

(6) Guthrie, W. K. C., *A History of Greek Philosophy*, vol. I, Cambridge, 1962, p. 181.

変貌する哲学史
──ギリシア哲学世界から見えてくるもの

1　アリストテレス的抽象

とりあえず通念として思い描かれている一つの「哲学史」がある。古代ギリシアについても、半ば自明のようにして、ある大枠が長らく固定されてきた。──前五八五年の日食を予告したタレスの活動を始点として一連の「自然学者」たちが登場し、また前五世紀後半のアテナイには「徳の教師」を自任しつつ政治家教育に携わって人気を博したソフィストたちが彼らにつづく。そしてそれら二つの流れを批判的に糾合する仕方でソクラテスが哲学に新たな深い意義をもたらし、彼の影響下にプラトンとアリストテレスが総合的な学としてそれを大成する。ヘレニズムの時代に入ると、ストア派、エピクロス派、懐疑派などの諸学派が成立して対立と論争を重ねる中で哲学は拡散し、諸学の分化が進行する。そしてグレコ＝ローマン時代に入っていく……。

この図式に沿って、あたかもソクラテスに先行する時代は、（まさに「ソクラテス以前の哲学」

とも呼ばれるように)彼に始まる「アテナイ哲学」の前哨にすぎず、他方、アリストテレスの死によってギリシア哲学の創造性豊かな古典的展開は終わりを告げ、不毛な学派的ドグマの並列と論争がそれに取って代わったかのような固定イメージが、長く共通了解とされてきた。しかし、ギリシア哲学は前五世紀後半から前四世紀のアテナイで大成され完結を見たとする俯瞰図は、むろんまったく的外れではないにしても、あくまでも一つのパースペクティヴを与えるものでしかあるまい。

最近の研究情況においても、その視野は大きく拡張され、この枠取りから逸脱した領域とその内実の摘出にむしろ比重が移されている。とりわけヘレニズム哲学への顕著な研究の傾斜が、世界的な趨勢として進行している。一九七四年に『ヘレニズム哲学』を著してエポックを開いたA・A・ロングは、その「第二版への序文」(一九八五年)にこう記している。「それから一〇年後、ヘレニズム哲学の運命は劇的に変化した。ストア派、懐疑派、エピクロス派は、出版物、セミナー、国際学会を通じて、古代以来いまだかつて経験したことのないほど、広範囲で、数多くの洞察力ある聴衆に語りかけるようになってきている。……かつての偏見は完全に払拭されたように思われる。新たな展望がいくつか切り開かれており、それらが古代哲学の見通しに変化を生ぜしめ、一般の哲学者たちにも刺激を与えていることは、いまや明らかである」(1)。ちょうど、二〇世紀の前半から半ばにかけて、初期ギリシア哲学への関心が高まりを見せたのと同様に、それにつづく時期には従来、「プラトン、アリストテレス、および彼らに先立つ哲学者への多大なる関心と比較して、その価値を低く見られ、無視されていた」この時代の哲学に対する対応の変化はめざましいものだった。ストア派の論理学や認識論は、多くの点でプラトンやアリストテレスを発展的に精緻化しつつ新たな局面を切り開いていること、あるいは懐疑派との論争過程は相互の議論を深化させ、問題の所在を浮かび上がらせる恰好の契機をなしていることが改めて明るみに出されてきた。また、この時代の倫理思想についても、けっして単に個人の生の周辺に矮小化されたものと見なすべきではなく、むしろわれわれの行為を律する規準の確立や行為決定のメカニズムへの鋭い分析が示されていることに積極的な評価が与えられている。その変化には、明らかに、今日の哲学の趨勢が呼応しているように思われる。いま挙げたような特質に照らし合わせてみれば、ヘレニズム哲学はまさに今日の哲学世界にぴったり重なり合っているのではないか。明らかにその類同性が新たな関心を呼び起こしたのである。あるいはむしろ、現代の哲学情況がその時代へとわれわれを引き寄せ、そこに新たな類同性の発見を導いていると見るべきなのであろう。そして、そのようにして「哲学史」はひそかに編み変えられていくのではないか。それぞれの時代が必然的に課してくる思想的課題とそれに対するスタンスという「恣意性」においてこそ、そのつど歴史は活性化され、新たにその真なる姿を垣間見せるのであろう。哲学についても「過去から未来に向って飴のように延びた時間という蒼ざめた思想」(小林秀雄)に歴史を代替することはできない。

もともと従来の「定型化」されたギリシア哲学史なるものが、二重の意味で、きわめて強力なバイアスのかかった成立事情のもとにあったことも看過してはなるまい。当初その基本構図を引いたのはアリストテレスであり、とりわけ彼の『形而上学』A巻の記述がグランド・デザインとなり、それが(図らずも)全体がそのまま素型として近現代に継承復元されたと言っていい。それは、自然学とその基礎づけとしての「神学」(「形而上学」は彼自身の言葉ではない)を結ぶ領域に哲学の本旨を定めていたアリストテレスとしては、むしろ当然ながら、もっぱらその線に沿って歴史を遡行する試みにほかならなかった。しかもその導きの糸となったのは、彼の「四原因」論という強力な概念装置であった。そこに構想されていたのは、そうした前提のもとに抽象化されたアリストテレス的「形而上学」成立史であった。タレスが「哲学の創始者」とされたのも、宇宙過程における「水」の重要性をさまざまな観察事実として指摘した彼の活動を、「万物のアルケー(始源)は水である」とする命題で強引に括り、そこに自らの「素材(質料)因」の端緒を押しあてたからであった。

たしかに、タレスにつづく「自然学者」たちを一連の系譜をなすグループとして把握し、彼らに最も重要な先駆者の位置づけを与えたのはアリストテレスの大きな発見であったと言っていい。アナクシマンドロスやアナクシメネス、あるいはアポロニアのディオゲネスなどは、彼の言及以前にはどこにも名前を見いだせない人たちであるし、レウキッポスとデモクリトスの唱えた古代原子論について「とりわけ理にかなった仕方ですべてのものごとについて一つの理論で規定しつくした」(2)自然学説としてはじめて高い評価を与えたのも彼であった。しかし、彼の「発見」は初期哲学者たちの思想のごく限られた一面を切り取ったものにすぎず、宇宙の成り立ちをいかに考えるべきかの問題とその中に営まれるべきわれわれ人間の生のあり方とを一体的に考え抜こうとした、彼らの本来的意図が正当に理解されることはなかった。アリストテレスによれば、エンペドクレスやアナクサゴラスも不備なかたちながらも「運動因」を導入した点で注目される存在であり、ピュタゴラス(派)の数理哲学とプラトンのイデア論を結ぶ独自の思想発展の線も、わずかに(しかも根本的な誤謬を含みつつ)、彼の「形相因」と「目的因」の方向を示唆するものでしかないのである。われわれのギリシア哲学史は、長い間こうしたアリストテレスの見解に大きく制約されてきた。

もっとも、『形而上学』A巻の記述は、それ自体として特定の意図に即したものであったはずであり、その意味では問題はむしろ、それを古代哲学史全体の素型として転用した(第二のバイアスとしての)近代の側にある、と言うべきかもしれない。一九世紀の哲学動向はアリストテレスと共感しうる体質を持っていた。そのために、ギリシア哲学の展開を彼に収斂させて捉えることで(すなわち、アリストテレスの図式に従うことで)、同時にそこにセルフ・アイデンティティを求めることともなったのである。やはり、歴史はそれを展望する者の立脚点に合わせて織り上げられるほかないのであろう。近代のギリシア哲学史の基調を確定したのはE・ツェラー(一八一四―一九〇八年)の大冊『ギリシア人の哲学』であるが[3]、それは、いわば、当時のヘーゲル的体系哲学志向に見合った仕方で古代哲学の動向を展望したものであった。そこには、まぎれもなく、アリストテレス的図式とともに、彼に共感するかぎりでのドイツ観念論哲学の恣意性が強固に働いている。

事実、古代世界内部での「哲学史」は必ずしもアリストテレスの線引きに規制されてはいず、その視野はより広汎にわたっている。たとえば、ギリシア古典期よりはるか後(二世紀末ないし三世紀初頭)にローマで書かれたディオゲネス・ラエルティオスの『ギリシア哲学者列伝』という、古代伝承の集合体からも、それを見てとることができよう。たしかに彼も特定の個人としてはタレスから歴史記述を始めている。しかし、ディオゲネスにとってタレスは「万有のアルケー」を論じた自然学者ではなく、むしろアテナイの政治家ソロンらを含む「七賢人」の筆頭に置かれるべき存在であった。しかも冒頭の「序章」ではその前史としてムゥサイオスやオルペウスのような神話的人物、あるいはさらにペルシアやエジプトなどのオリエント各地の伝説的知者たち(いずれも宗教的、呪術的な力と結びついている)を登場させて、「哲学」の起源を太古に遡って探ろうとしている。たとえばアナクサゴラスの宇宙論を「ヘルメスとムゥサの女神ウゥラニアの子」リノスのものとされる詩句に結びつけようとするような議論(第一巻四節)そのものは牽強付会にすぎないにしても、古代において哲学の内実とその成立過程がどのようなコンテクストの中で考えられていたのかを映し出した伝承の一端として、きわめて興味深いものがある。明らかに、古代ギリシア的な知の系譜には、そうした太古の英知の伝統が深く浸透し、後代に至るまでさまざまな局面でそれらが再浮上してくるのである。

むろんディオゲネス・ラエルティオスの哲学史から見えてくる俯瞰図の違いは発端についてだけではない。アリストテレス以降の長い時間をも組み入れたその全体図の中では、後にも触れるように、われわれの通念的パースペクティヴは相対化されつつ、大きく異なった展望の中に位置づけを与えられていることに容易に気づかされるであろう。また、そうしたギリシア的コンテクストの中でその諸相を見直してみるとき、従来の理解では看過され、それとは異なった局面が多々包蔵されていることにも気づかされるはずである。とりあえず、古代文献そのものに立ち返ってそうした諸相を浮かび上がらせてみたい。

2　ギリシア哲学の素型

いささかの暫定性を含んだ言い方でしかないが、さしあたり古代ギリシア人が彼らのうちに動き始めた新たな心的活動を「ピロソピアー」(フィロソフィア、知的愛求)と同属の言葉で呼び始めたときに「哲学」は始まった、と見なしておこう。(4) たしかにそれは、こうしたややぎこちない新造語を当てなければならないほど、われわれの生に新たな局面を切り開く活動だった。ディオゲネス・ラエルティオスが「このようにして、ピロソピアー(哲学)はギリシア人の間から起こったのであり、この名称そのものもギリシア語以外の他国の言葉で呼ばれることを拒否しているのである」(第一巻四節)と記したことは、彼の意図するところ以上に深く要点をついていたのである。初期に見いだされるそのわずかな用例の一つが、前六世紀初めの政治指導者ソロンが行なった

「見物のための旅行」についてのものであること(ヘロドトス『歴史』第一巻三〇節)は、当初この語に込められていた意味の中心点と多様な広がりとを、端的に示唆していよう。その最基底をなすのは「知りたいという意欲」であり、「ピロソピアー」という名称は、まさにそのことをストレートに写し取ったものにほかならない。はじめて哲学を一つの「学」として意識的に「画定」することに努めたアリストテレス(前三八四―三二二年)は『形而上学』A巻を「すべての人は生まれつき知ることを希求している」という言葉で始めている。そこには、明らかに「ピロソピアー」の原初的語義とモチーフが響き合わされているのであろう。むろん、その意味では、あらゆる知的活動に哲学への萌芽が含み込まれていると言っていい。

ディオゲネス・ラエルティオスにおける知の起源への遡行においても見たように、初期ギリシア世界では当初から哲学が哲学として明確に固有の領野を主張していたわけではない。むしろ多様な仕方での「英知」の体現者たちとの競合の中で、結果として、しだいに自らの独自性を自覚しつつ、ある共通の方向へと特化していった一連の思索者たちがいた、――あるいはむしろ、後にそのような人たちとして見いだされることとなったのである。最も後発のオリエント・地中海域文明としてギリシア世界にあっては、神話もまた先進的諸文明からの影響を受容・摂取する仕方で形成され、そのシンクレティズム的神話体系は、矛盾し合う諸要素を整合化させる操作の上に成立したものであったから、その過程には、おそらくは図らずもある種の合理性への配慮が介在することとなった。ギリシアにあっても神話語りとしての宗教思想家や詩人たちは、より古層の知の伝統にあるとはいえ、とりわけヘシオドスに集約され、ヘシオドスから再展開される彼らの宇宙生誕論(コスモゴニアー)は、初期の「自然学者」たちの宇宙論(コスモロギアー)と世界解釈に連続しうるだけの洞察力を神話的表象のうちに先取りしてみせていた。ある意味で、このことがギリシア(のみ)における哲学の成立と知性の特異な発展を促す大きな力となったと言うことができるであろう。

たとえばクセノパネスやヘラクレイトスの著作断片にとりわけ目につくように、後に「自然学者」と認定されるようになった人たちが、ホメロスやヘシオドスを激しく批判したことはまぎれもない。しかし、彼らの詩人批判は自覚された「哲学」の立場から詩的伝統そのものに向けられたものではなく、同じように世界や人間について考究した先行者として、彼らの語った事柄の逐一を同じ地平で相対しつつ吟味にかけているのである。初期哲学者たちの幾人かが、なお意識的に、詩のかたちで書きつづったことは、対立が詩人対哲学者という構図をなしていなかったことを端的に裏書きするものであろう。またヘラクレイトスが、「博識は覚知を得ることを授けない。さもなければ、ヘシオドスやピュタゴラスにも、さらにはまたクセノパネスやヘカタイオスにも授けたはずではないか」(断片四〇)と記して、ヘシオドス(叙事詩人)とピュタゴラス(哲学者)を、クセノパネス(詩人哲学者)とヘカタイオス(地誌著作家)を並列させながら、彼らすべての知を等し並みに否定しているところにも、同様の示唆を読み取ることができる。ここでは、明らかに、多様な領域にわたる思想家たちが区別されることなく、同じ資格で論争の場に組み入れられているのである。

　アリストテレスによって「哲学の創始者」とされたタレスの世界像に、オリエントの創造神話が深く浸透していることは、近年さらに明瞭にされてきた。ただし、その影響と連続性は単に神話的な神々と「万物の始源(アルケー)」との類同関係においてのみ認められるのではあるまい。初期哲学者たちは、その「読み替え」において、新たなまなざしのもとに、神話を一貫している、神という究極の実在までの見通しの中で宇宙の形成とその内なる人間の運命を一体的に語るというモチーフをストレートに継承しようと努めたのである。そして、そのことがその後のギリシア哲学の歩みの基本姿勢を決めた。その意味において、初期哲学こそがギリシア哲学のほとんど全展開の基調をなしていると言うことができるし、むしろそう言わなければならないであろう。タレスについては多数の逸話として伝えられているだけで、その実像は確かな手がかりを欠いているが、彼に学びその活動を継承したアナクシマンドロスは、世界についての思索を一つの著作として纏めたことがはっきりしている。そこには、世界的規模での諸事象を通じて「水」の果たしている大きな役割に着目したタレスの考察を飛躍的に発展させる仕方で、明確に宇宙世界の基礎的実在として、「ト・アペイロン(無限なるもの)」が想定されている。シンプリキオスに引用された(5)テオプラストスのアナクシマンドロス解釈の要約は、ペリパトス派がいかに根強くアリストテレスの強引な図式化を踏襲しようとしていたかを物語っている。彼(ら)は、「ト・アペイロン」の超越性を大きく割引きし、端的に世界がそれ「から」生成しそれ「へ」と消滅していくべきもの(=質料因)とする観点に押し込めているために、その理解は重大な歪曲に陥っているのである。アナクシマンドロスにとって、「ト・アペイロン」は、むしろ「永遠で不老不死であり、すべての世界を包括している(περιέχειν)」。シンプリキオス版テオプラストスには省かれているが、たとえばヒッポリュトス(12A11 DK)には見られるこれらの語句は、言うまでもなく、旧来の神々について語り付けられてきた定型的なものであり、彼は意図して「ト・アペイロン」をそのように特性づけることで、両者の等価性を鮮明にしているのである。またアナクシマンドロスの著作は、今日では唯一の断片とわずかな引用語句しか伝えられていないが、多くの伝承から想定されるところによれば、おそらくは一貫した構成のもとに、宇宙開闢論に始まり、天地や諸天体がどのように形成されたか、そしてその中でどのようにして生物が発生し、やがて人類の誕生に至ったのかを論ずるとともに、さらには現にあるこの世界についての地誌学的、民俗学的記述にまで及ぶ壮大なプランに従ったものであったと想像される。それはまさに神話のコスモゴニアー的内実をそっくり繰り入れるとともに、現にある世界のあり方をも捉えきろうとする企図が一篇の著作として実現されていたのである。このスタイルは基本的に初期ギリシア哲学のみならず、ヘレニズムをへてグレコ゠ローマン時代(たとえばルクレティウスの宇宙詩)にまで維持されていく。しかも、実際にはそれがギリシア哲学の中心的動線をなしていくのである。

3　プラトン、アリストテレスの位置

古代哲学史の全体的動向そのものの中で、ソクラテス、プラトン、アリストテレスの果たした役割は意外に限られている。およそ一一〇〇年間にわたるギリシア哲学史全体の中に彼らを置き入れてみるとき、たしかに一旦は突出した高みを現出してはいるが、その後の哲学世界は必ずしも彼らの輝きの余光の中で展開されるわけではないことが読み取られる。少なくとも、プラトンやアリストテレスの没後、彼らの哲学思想がそのまま主要な流れを形成していくことはなかったのである。今一度、ディオゲネス・ラエルティオスに戻ってみれば、この「プラトンびいき」の一ローマ貴婦人のために書かれたと想定される(第三巻四七節)本書の中では、彼には特に一つの巻全体があてられている。とはいえ、その記述は(伝記的逸話の宝庫ではあるにしても)哲学思想についてはごく表面的な理解の上すべりにとどまっている。この時代のローマは、紀元前後から二〇〇年以上にわたる古典期ギリシア哲学復興の流れの中にあり、間もなくプロティノス(後二〇五―二七〇年頃)がこの地で活動を開始しようとしていたところである[(6)]。しかしディオゲネスの理解は、彼に前後する中期プラトニストたちと通有のもので、それぞれにプラトン哲学の特質を新たに把握しなおそうと模索してはいるが、いまだ表層的なものにとどまっており、彼らの手になる著作は、ヘレニズム以降の長い哲学伝統におけるプラトンの位置をいみじくも逆照する結果となっている。

事実、ディオゲネスの「列伝」の構成を通覧すれば容易に見てとられるように、そこではプラトンもアリストテレスも何ら特別視されてはいない。彼が援用しているギリシア哲学者の系譜(「序章」第一巻一三―一五節)において、全哲学者を「イオニア派」と「イタリア派」に二分する方式はヘレニズム期のソティオン以来の『学統誌』を下敷きにしたものであるが、この必ずしも確たる根拠を見いだしがたい分類系列において、むしろピュタゴラスにつながるイタリア派的色彩を哲学にもたらしたはずのプラトンは、(アナクサゴラスの弟子アルケラオスに自然学を学んだとされるか細いつながりで、イオニア派に組み入れられた)ソクラテスとの関連で前者に配され、しかもその後さらに分岐してヘレニズム時代へとつづく系譜の中の一通過点という位置づけでしかない。アリストテレスもまたその流れの傍系に位置づけられ、ここでの彼の系譜が弟子のテオプラストスで立ち消えになっていることは、「自然学者」ストラトン以降のペリパトス派がいかに急速に激変しつつ、微力化していったかを物語っていよう。ストラボンらの伝えるような[7]、今日の『アリストテレス著作集』(*Corpus Aristotelicum*)のもとになった彼の自筆講義草稿群が長らく小アジアのスケプシスに持ち去られ、ほぼ二〇〇年間かの地に埋もれていたとする言い伝えは、かりに事実だったとしても、その間それらの草稿がまったく陽の目を見ずにいたとは考えにくい。少部数ながらも書写されたものが流布していて、たとえばエウデモスが創始したロドス派などによって、地道に読み継がれていたことは、十分想定されてよかろう。とはいえ、その真価が広く知られるようになるには、前一世紀にロドスのアンドロニコスによる「著作集」編纂(これによって、はじめてテクストが「共有」された）、そしてさらに後二世紀末にすぐれた注解を多数著して、アリストテレス哲学を本格的に復興させたアプロディシアスのアレクサンドロスの活動をまたなければならなかったことはたしかである。

したがって、ディオゲネス・ラエルティオスがけっしてプラトン、アリストテレスを不当に扱っているわけではない。やや通俗的な取り纏めに堕してはいるにせよ、彼の記述は基本的にその時代における理解のあり方をストレートに反映し、さほど大きく見当を外すことなく学説誌的著作の伝統を要約的に引き写しつつ、ほぼありのままに伝えているのである。プラトン哲学に論点をもどすならば、彼が創設したアカデメイアは一応古代末期まで途絶えることなく存続した唯一の学園であったが、その性格と内実はその間に幾度か激しい変遷をたどった。彼の後継者スペウシッポスの時代にはピュタゴラス主義的な数理哲学への傾斜が顕著だった。多くの学派が競い合ったヘレニズムの時代には、あらゆるドグマを否定する懐疑主義によって独自性を保持することに努め、とりわけストア派との激しい論争においては鋭い批判力を発揮して対抗したが、もはやプラトン哲学の本旨とはほど遠く、彼の思想の実質は（前一世紀前半にギリシアを訪れたキケロがそう思わざるを得なかったように）、かえってライバル陣営の側に咀嚼吸収され根づいていたのである。そうした時代が紀元前後までつづく。

明らかに、プラトン、アリストテレスはギリシア哲学の展開の中で長らく孤立した存在であった。ソクラテス周辺から始まった新たなアテナイ哲学の流れにおいても、今日「小ソクラテス派」という呼称で一括されている人たちのほうが、つづく時代にはむしろアカデメイアやリュケイオンを凌駕する勢いを示し、彼らの多くが独自の学派を開くとともに、他の哲学諸派に大きな影響を及ぼしている。キュノサルゲスの体育場で哲学を講じたアンティステネス(前四五五頃—三六〇年頃)の実践哲学は、キュニコス派という多様な広がりを持った思想動向の原点となった。その一面は、シノペのディオゲネス(前四〇〇—三二五年頃)にまつわる多数の逸話において語り伝えられているような、極度の禁欲主義とある種の快楽肯定が表裏一体化した「生き方」として、一見彼らに対峙するかのように端的な快楽主義を主張したキュレネ派とともに、この時代の倫理観のいわば消尽点を結んでいたのである。これら両派をはじめとする小ソクラテス派の人たちこそ、ヘレニズムの哲学状況を準備しつつあった、と言ってよかろう。

4　初期哲学とヘレニズム哲学の一貫性

ヘレニズム期の哲学は、大勢としては、プラトン、アリストテレスを孤島に置き去りにするようにして、ふたたび初期以来のギリシア哲学の「本流」に立ち帰っているものと見る必要があろう。この時代を主導したストア派やエピクロス派は、小ソクラテス派を先蹤とする個の倫理に密着した思想拠点を確保するとともに、一面においては、ソクラテス以前の初期哲学との連続性を基本体質としていた。ストアのゼノンやエピクロスは、ともにイオニア哲学の伝統がなお息づいていた土地に生い立った人たちであり、その影響はアテナイ哲学に触れたのちも消えることがなかった。周知のように、彼らはそれぞれにヘラクレイトス思想とデモクリトスのアトミズム(古代原子論)を思索の根本基盤としたのである。

　ここで改めて注意しておきたいのは、「ソクラテス以前の人たち」(Presocratics/Vorsokratiker)という近代の呼称は、けっして端的に一つの時代区分に即したものではない、ということである。彼らの著作断片や関連資料を網羅的に編纂整備したH・ディールスおよびW・クランツの『ソクラテス以前哲学者断片集』[8]においても、そこに取り上げられた思想家たちは、単純に生没年や活動時期だけを較べるとすれば、実際には「ソクラテス以前」と「ソクラテス以後」とが相半ばしているのである。並録されているソフィストたちはともかくとして、「前六世紀・五世紀の哲学者たち」の大半が実際にはソクラテスの同時代人であり、さらに「その直接の後継者たち」として収載されているのは、完全に彼の没後の前四世紀以降に活動した哲学者たちである。たとえば、多数のピュタゴラス派のうち、アルキュタス(ほぼプラトンの時代の人)以降はすべて「ソクラテス以後」である。より顕著な例は、古代アトミストの場合で、創始者のレウキッポスを除けば、デモクリトスを含めて、すべてソクラテスよりも後の世代に属し、しかもこの派の足跡をほとんどマニアックなほどに追ったディールスの資料探査はほとんど紀元前後にまで及んでいる。明らかに時代軸で切り分けることはできない。

　ディールスおよびクランツがこの表題の「齟齬」に付帯事項を書き加えているのは当然のことであろう。「とりあえず一言すれば、「ソクラテス以前」とは、厳密に解するならば、「ソクラテス派」以前の人たちのことであり、文字通りに「ソクラテス」以前の人たちを指すのではない」（「第五版へのまえがき」）。そしてさらに説明を重ねて、「ここにあるのは一つの哲学だということ、すなわちソクラテス（ないしプラトン）の考え方をとる学派――つまり「ソクラテス以前」でもなければ「非ソクラテス的」でもない古代哲学――を経由していない哲学だということ」であるという周到な言葉で規定し直している。要するに、「ソクラテス以前」とは、「ソクラテス派」に対峙しつつ、初期からヘレニズムまで一貫してより大きな流れをなしているギリシア哲学の本体にほかならないことになろう。ここでも、むしろネガティヴな仕方で規定された「ソクラテス派」に属する哲学者としてのプラトンやアリストテレスの孤立した姿が見えてくる。

ディールスおよびクランツは、おそらくストア派やエピクロス派をもソクラテスの洗礼を受けた哲学者群に算入しているのであろうが、宇宙世界の成り立ちへの考察を基礎にして人間の生のあり方を見つめた点において、彼らも初期哲学者たちのスタイルをそのまま継承している。明らかに、宇宙的転変への洞察のスケールは矮小化され、そのただ中にたたずむ人間の運命の重圧は希釈化されてはいるが、両者の一体的連動性の自覚は通底している。

さきに触れたように、エピクロス哲学は、デモクリトスの原子論に一定の修正と整合性を加えながら、それを全面的に継承している。彼自身は独自の説を立てたことを誇っているが、テオスのナウシパネスの弟子として古代アトミズムの直系相続人であることはまぎれもない。実際、デモクリトスの著作がほとんど完全に散佚した事情のもとでは、エピクロスはこの学説の最良の証言者であるし、さらには今日に伝わる古代文献のうちに「ソクラテス以前」的な哲学のスタイルと構成を全体的なかたちでうかがおうとすれば、エピクロス派によるのが最も簡明であろう。

むろん、三〇〇巻にも上ったと言われる彼の原著作はやはりすべて失われたが、幸いにも、この哲学者に特に深い関心を寄せたディオゲネス・ラエルティオスによって、彼が弟子たちに宛てた「哲学書簡」とされるもの三通が伝えられている（第一〇巻三四節以下）。エピクロス哲学の「摘要」を意図したこれらの書簡のうちの二通（ヘロドトス宛、ピュトクレス宛）には、アトミズム的な宇宙世界像の骨格が、きわめて大きな比重を占めて展開されている。しかもその叙述は全宇宙の構成原理に始まり、それを踏まえて天体論、気象（大気内事象）論、認識・感覚論、生物学などが語られ、さらに人間による居住地域の概略と文明の形成に至るまでが一望されている。二つの書簡に分けられた叙述の順序は任意的であるが、これらの項目立ては、さきに見たように、ほとんど最初の自然学者アナクシマンドロスによって輪郭が与えられたものにほかならず、イオニア自然学の伝統を通じて踏襲されてきたかたちがここにも維持されているのである。さらにエピクロス派の宇宙論を精細に伝えるものとして、ルクレティウス（前九四頃―前五五年頃）の哲学詩『事物の本性について』がある。この壮大な叙事詩体の著作は、詩人自らの語っているところによれば、エピクロスの言説をラテン語の韻律にのせたものである。エピクロス派にあっては、祖師の学説はけっして意図して変更を加えることなく維持されたとも伝えられている。むろんこの作品には「自然学」的な諸問題のすべてが、人間的生の諸相と交錯されつつ、両者の密接な関連のもとに展開されており、そこに「初期ギリシア哲学」の内実が最も完結したかたちで定着されているのを見ることができるのである。

ヘレニズムのほぼ全期間にわたって哲学的思想展開の主軸となったのはストア派であった。ストアのゼノンが創設したこの学派は、プラトンやアリストテレスの哲学から多くのものを摂取し、論理学・自然学・倫理学という三部門からなる学の体系を整備して、同時代の諸学派を圧倒的に凌駕する成果をもたらした。とはいえ、ストア哲学は「ソクラテス派」の開いた新生面とはなお根本的に体質を異にしていた。彼らの学は分節化されながらも、初期哲学を特色づける、宇宙全体のあり方とそのうちなる人間の営みとの直接的な一体連関性は、なお全体の基調をなしている。そこでは、アリストテレスが目指したような、それぞれに固有の対象の相違に応じて自立的な分野としての独立自存性は意図されていなかった。むしろ、ストア派において強調されたのは、それら諸部門間の密接な相互連関であった。ストア派の「ロゴス」とは、全領域を一貫している単一なる「理法」にほかならない。彼らにとって、論理学とは(アリストテレス的な「オルガノン」とは大きく異なり)宇宙世界を秩序づける自然的根拠を解明することと一つであったし、自然学に精通することは、すなわちそこに体現されている理法によって、自らの行為を正しく律する力を獲得することと完全に連動していた。ヘラクレイトスの思想は、そのような仕方で発展的に彼らの思索のうちに引き受けられているのである。

5　新プラトン主義から現代へ

さらに見直すべきギリシア哲学の諸相は多岐にわたる[9]。しかし、ここでの目論見はそのこと自体にあるのではない。とりあえずは、プラトン、アリストテレスを過度にブロー・アップした固定的ギリシア哲学観を相対化する用意を促すことができれば事は足りよう。もっとも、裏返して言えば、そうした捉え方は近代における哲学の特質がもたらした一つの「発見」でもあったのである。

古代においても、紀元後の世界ではプラトン哲学、アリストテレス主義の再評価が活性化し、とりわけプロティノスに始まる新プラトン主義において、両者は接合されつつ、すぐれて包括的な一個の形而上学体系に融合同化された。しかし、この運動を担った哲学者の多くは、プロティノスをはじめとして、オリエント的な風土の中で生い立ち、新ピュタゴラス主義として一括される当時のシンクレティズムの影響を色濃く身にまとった人たちであった。彼らのプラトン、アリストテレス理解は、いわば最も深化されたヘレニズム哲学の流れに乗りつつ、新たに興隆したアテナイ哲学を同化吸収しようとした試みであった。「善一者」を頂点とする存在の階層的統一構造は、プラトンの中に見いだされるよりも先に、アレクサンドリアのピロン(前三〇—後四五年頃)や新ピュタゴラス派のヌゥメニオス(後二世紀)など、オリエントの神秘宗教とギリシア哲学の融合を図った思想家たちによって、彼らに予示されていたものである。

新プラトン主義の構築したプラトン＝アリストテレス哲学「体系」は、きわめて深い解釈の一つの可能性を提示しており、その影響は古代を越えて長く後世にまで及んだ。しかし、それは一面においてプラトン理解を制約することにもなったと言わなければなるまい。ルネサンス期にコンスタンティノープルからイタリアにもたらされ、マルシリオ・フィチーノ(一四三三―一四九九年)を中心とするプラトン・アカデミーで講じられたのは、全面的に新プラトン主義化されたプラトン哲学であった。一五七八年に出版されたステファヌス版『プラトン全集』が、後一世紀前半のトラシュロスによる編纂以来の伝統的な著作配列順(同版が準拠したT写本をはじめ、中世の有力写本もほぼすべてがそれに従っている)とは異なり、独自に六部門立てした「体系」的配列をとっているのも、当時の新プラトン主義的哲学観に即して試みられた新編集の結果であったと思われる。こうしたプラトン像が近代世界の進展とともに色あせたものになっていったのは当然のことであろう。次第にその影響は宗教思想や美学的観点からのものに限られてしまう。

旧来の形而上学がカントの批判哲学にさらされ、次いでドイツ観念論哲学が盛行するにつれて、プラトンのイデア論はその新たな立場から注目されることになったが、より根本的な「再発見」を促したのは、ロマン主義精神に共鳴する神学者、F・シュライエルマッハーによって提唱された「解釈学的方法」にもとづく読解であった。(10) 一九世紀初頭に刊行された彼のドイツ語訳『プラトン著作集』に付された一連の序文に述べられているように、この新たな立場からは作品の「自足性」を前提にして、「当の作品についての直接的な厳密把握」による解釈がすべてであった。

そして、プラトンの著作こそ文学的「形式」(＝「対話篇」)と哲学的「内容」(表明された思想)との理想的統一体と見なされた。同時に彼はプラトン著作のうちに年代的思想発展を見ることを始めた。その思弁的先入見からの想定は(たとえば『パイドロス』にはプラトン哲学の主要モチーフがすべて渾然として含まれていることから、それを最初の著作とするなど)、大きな無理があったにしても、「対話篇」構造の重視という新たな観点とともに、旧来の硬直したプラトン像を揺り動かす決定的な契機をなしたことはたしかである。

ほぼ軌を一にして一九世紀初頭から活発化したプラトンの原典批判的研究(諸写本の比較校合によるテクストの復元)は地道な作業ではあったが、次々と刊行される新校訂本が思いがけぬほど強い刺激をプラトン研究にもたらし[11]、それに連動して、各「対話篇」についての活発な真偽論争、そして著作年代順についての議論がシュライエルマッハー的な揺さぶりをさらに増幅した。また、ヴィラモーヴィッツ＝メーレンドルフが提唱した客観的な歴史研究の手法も、そうした趨勢の中でまさにプラトンを等身大の人間として理解することを目指していた[12]。アリストテレスについても、その流れを後追いする仕方で、特にW・イェーガーによって推進された「発展史的方法」[13]は大きな刺激を与えた。結果としては、プラトンの場合ほどの実りある結論は得られなかったが、彼にまつわる伝統的「哲学体系」を解きほぐし、まったく新たな観点から再構築する動きを促した効果は、今日のアリストテレス哲学の研究状況にまでつながっている。こうした過程の中で「再発見」されたプラトン哲学、アリストテレス哲学との現代的取り組みにおいては、彼らの体系や形而上学の構造解明そのものよりも、より具体的な哲学的課題との照合関係の中で、彼らのテクストに展開されている議論から効果的な要因を読み出そうとする「対話」的方法が基調をなしていると言ってよかろう。その共鳴関係の中で、従来秘匿されたままにあったプラトン哲学、アリストテレス哲学の多くの側面が明るみに出され、ある意味で今日においてこそ、最も活性化された仕方での享受が実現しているのかもしれない。

一九世紀以来のこうしたプラトン、アリストテレス理解の変容をもたらした哲学動向は、また彼ら両者以外のギリシア哲学に目を向けさせることにもなった。Th・ゴンペルツ、P・タンヌリ、J・バーネット[14]らによる初期ギリシア哲学研究が一九世紀末から二〇世紀初頭に一挙に推進されたのは、その最も顕著な現われである。H・ディールスによって始められた「ソクラテス以前」の哲学者の著作断片集編纂(一冊本の初版は一九〇三年刊)も同じ流れの中にある。彼らに共通していたのは、反観念論・反形而上学の立場で、当時のヘーゲル主義的傾向に浸潤されていない思想世界として、期せずして「ソクラテス以前」に理想を求めたのである。彼らに先蹤してニーチェが「ギリシア悲劇時代の哲学」を称揚したが、その方向には大きな相違があった。この時代の初期ギリシア哲学研究は、強固な文献実証主義と「原典」第一主義の立場に立ち、膨大な古典語資料の中から、後代の諸思想の影を可能な限り払拭することで原像の回復を志した。ディールスにも賞賛されたバーネットの著書(注(14)参照)は、それらの作業の最も見事な結実と位置づけることができよう。その後、二〇世紀全般にわたって展開されたこの領域への取り組みは、精緻な文献研究の進展とともに、当初の科学主義的解釈を超えて、世紀半ばからはむしろそのイオニア的合理精神の裏側にある深い暗部を剔抉することにも関心が寄せられている[15]。また、最近におけるヘレニズム哲学の見直しの状況とそれを突き動かしているものについては冒頭で触れたとおりである。

以上、哲学史なるものの時代の中での揺れ動きの諸相を、ギリシア哲学に即して瞥見してきた。哲学史はたえず時代の関心に呼応して変容しつつ異なった相貌を見せ、新たな活力を示現する。それはけっして平板な思想的タイム・テーブルとして提示されるものではない。たえずそこへと「対話」的に立ち返ることで、われわれは最も効果的に自らの思考の内実を明確化し、より豊かなものにしうるとともに、その試行の中でのみ歴史は再生するのではないか。つまり「哲学史」は(事実そうであったように)恣意的なものたらざるをえないのかもしれない。しかしされればこそ、それは哲学的営為たりうるのである。

(1)　Long, A. A., *Hellenistic Philosophy: Stoics, Epicureans, Sceptics*, Berkeley, Los Angeles, 1986², p. ix.(邦訳『ヘレニズム哲学――ストア派、エピクロス派、懐疑派』金山弥平訳、京都大学学術出版会、二〇〇三年、xix頁)。

(2)　アリストテレス『生成消滅論』第一巻第八章 324b35 ff.

(3)　Zeller, E., *Die Philosophie der Griechen in ihrer geschichtlichen Entwicklung*, Tübingen. 初版は一八四四―五二年にわたって刊行され、その後数次の新版改訂が多くの研究者による協力のもとに行われてきた。現行の版はほぼ一九二〇年代に整備されたもので、全三部から成り、各部はさらに二分されている。

（4） *φιλοσοφία* と同根の動詞 *φιλοσοφεῖν* あるいは形容詞 *φιλόσοφος* が先行して現われている。ヘラクレイトス断片三五、ヘロドトス『歴史』第一巻三〇節（およびトゥキュディデス『歴史』第二巻四〇節）にわずかな用例が伝存しているにすぎないが、それらはいずれも当該語が一般に流布していたことをうかがわせるものである。それらが名詞 *φιλοσοφία* として定着したのはソクラテスの時代であり、おそらくは彼ないし彼の周辺からであろうと推定されている。文献的に確認できるのもプラトンの「初期対話篇」における使用からである。

（5） Simplicios, *In Physica*, 24, 13 ff.［= Theophrastos, *Φυσικῶν Δόξαι*, Fr.2］（12A9 DK）

（6） アルビノスほか『プラトン哲学入門』（中畑正志編）京都大学学術出版会、二〇〇八年所収の「中期プラトニスト」たちの諸論考を参照されたい。

（7） ストラボン『地誌』第一三巻五四、およびプルタルコス『スラ伝』二六。

（8） Diels, H. und Kranz, W., *Die Fragmente der Vorsokratiker*, 3 Bde., Berlin, 1951–52[6].

（9） 本論考は拙稿「ギリシア哲学鳥瞰——新たな視座を求めて」『哲学に何ができるか』岩波 新・哲学講義別巻、岩波書店、一九九九年、二〇九—二三〇頁と相互補完的な関係にあり、そこでは初期哲学そのもののヘレニズム的展開や新プラトン主義哲学の特質についても見直しが行われている。なお、論旨の必要上、特に「四 初期哲学とヘレニズム哲学の一貫性」におけるエピクロス派とストア派についての記述は同稿の一部を要約的に再論したものである。

（10） Schleiermacher, Fr. D. E., *Über die Philosophie Platons* (Hrsg. P. M. Steiner), Hamburg, 1996, S. 25–30. 本書は彼がドイツ語訳『プラトン著作集』に付した「序文」と「解題」を集めたもの。最初の刊行は一八〇四—〇七年である。

（11） 一九世紀を中心とするプラトンの写本研究およびそれと並行して議論された著作の真偽問題や著作年代順については、さしあたり田中美知太郎『プラトンI 生涯と著作』岩波書店、一九七九年、一七八頁以下を参照されたい。

(12) Wilamowitz-Möllendorff, U. von, *Platon: Sein Leben und seine Werke*, 2 Bde., Berlin, 1919.

(13) Jaeger, W., *Aristoteles: Grundlegung einer Geschichte seiner Entwicklung*, Berlin, 1923.

(14) Tannery, P., *Pour l'histoire de la science hellène*, Paris, 1887 ; Gomperz, Th., *Greek Thinkers*, Authorised English Ed., London, 1901–12 ; Burnet, J., *Early Greek Philosophy*, London, 1892, 1930[4].

(15) この点について、きわめて概略的な展望が注(8)で言及した『ソクラテス以前哲学者断片集』別冊、岩波書店、一九九八年所収の拙稿「『ソクラテス以前哲学者断片集』について」(特に七—一二頁)に与えられている。

II

ソクラテスの余波

プラトン的対話について
――若干の補遺と再確認

はじめに

ぼんやりとではあれ、長らくプラトン「対話篇」の構造の不可思議さについて考えてきた。それを主題とした幾編かの関連論考は、ひとまず小著に取りまとめたところである(『対話という思想――プラトンの方法叙説』岩波書店、二〇〇四年)。もとより、考察は完結を見てはいない。提示できたものは、その「あとがき」にも記したように「いまなおつづいている試行錯誤の経過報告」にすぎない。しかし「プラトン哲学の基本構想のすべてが「対話篇」に込められた思考構造に呼応している」とする見通しだけは立てることができたものと思っている。本来、この稿においても議論を先に進めることに努めるべきであろう。特に、同様の主題をめぐって最近相次いで現われた多数の成果に目を向け、それらを比較的、批判的に検討しつつ、さまざまな示唆を引き出すことが、当面のさらなる作業となっている。しかし、ここでは、与えられた課題に呼応するべく、細部にわたるそうした議論には立ち入るよりも、むしろいま述べた全体的見通しを多少なりとより明確に素描しなおして、プラトン的「対話」の特質とその意義を要約的に再確認することに努めたい。

1　ドグマとドラマ

さて、プラトンが終生自らの哲学思想を「対話」のかたちで表明しつづけてきたことは、残された著作によって一目瞭然であるが、しかしなぜ彼がそうしたスタイルをとりつづけたのかを明らかにすることは容易ではない。なぜ著者自身が直接議論を展開することをせず、たとえばソクラテスを著作に登場させて語らせなければならなかったのか。しかも、「対話」という場に(ほとんど「問い」として)投げ出された言論をめぐる諾否のやりとり、というかたちをあえてとらなければならなかったのか。これらの点だけを見ても、さしあたり「対話篇」は著者の所在を曖昧にし、プラトン理解を間遠にするものとしか思われないであろう。同時に、しかし、「対話篇」を読み進むとき、著者プラトン自身は姿を隠しながら、そしてまさに身を隠すことによって、そこに彼の思索の動きが最も豊かな肉声で語られているのを、いやおうなくわれわれは感知させられる。あるいは、そうした感触を察知しはじめたときから、プラトンを読む行為は始まると言ってもいいのではないか。むろん、その「肉声」はポリフォニックな重層性の中に拡がる響きとして聞こえてくるものである。おそらく、「命題」などという明確な単旋律のみを聴き取ろうと耳をそばだてれば、彼の思想の豊かな響きは取り逃がしてしまうだけであろう。

林達夫が（少なくともわが国においては）いち早く次のように記したとき、彼もまたプラトンの「対話篇」に流れているポリフォニーを、一体的な音調として聞いていたことは確かだと思われる。きわめて平明簡潔にプラトン「対話篇」の一側面をつかみ取ったその一節を引いてみよう。

人はプラトンがその著作を「対話」の形で書いたことを知っている。しかしながら人は彼以後の思想家たちの書いた哲学的対話とプラトンの対話とのあいだには本質的な差異のあることを十分に意識しているであろうか。聖アンセルムス、ガリレイ、デカルト、ロック、バークレー、ライプニッツ、等々……実に多くの思想家がしばしば対話の形で彼等の哲学的思想を表明している。けれどもこれらの人たちの哲学的対話なるものは正直に言って、極めて人工的な、わざとらしい、味気ない、つまり非文学的なもので、強制的に登場させられた仮装的な形而上学的亡霊ないし思想的ロボットの無味乾燥な、退屈な、果てしのない概念的会話の連続に外ならないものが多い。だから、それらの作品は、むしろ思想的伝達のために彼等がこんな廻りくどい対話体を捨ててもっと直截な論文的叙述による方がずっと救われる体のものである。思うに、彼等はただ対話で書くという古代からの哲学的伝統があるがため、その伝統に忠実ならんとして、つまりプラトンの拓いた道を自分も一度は踏んでみなければ気が済まぬと思って、ただ因襲に従って書いているのであろう。(1)

そうだ、プラトン的「対話篇」はその後二度と書かれることはなかった。少なくともそれの持つ特質や意図の深さからすれば、彼以降の「対話篇」は、まさにここに言われているように、「強制的に登場させられた仮装的な形而上学的亡霊ないし思想的ロボットの無味乾燥な、退屈な、果てしのない概念的会話の連続」でしかなかった。

プラトンに倣って「対話篇」を著わした(それらはすべて散逸した)若きアリストテレスにしても、すでに本来のプラトン的ディアレクティケーの生動性を継承することはできなかった。ましてキケロや、さらに時代を隔てたガリレオやデカルトでは、基本的にどの「対話篇」であれ、はじめに対立意見がそれと分かる仕方で声高に語られ、次いで明らかに著者を代理する人物が反論を展開し、最後に「正解」がおもむろに論じられて対話(もしそれらをも「対話」と呼ぶのであれば)は閉じられる。なるほど、それでも多くの場合、議論は明確に分節化され、論理の筋道や著者の主張が鮮明にされているかぎりでは、無意味な形式以上の実効性がもたらされてはいるかもしれない。あるいは、むしろそこにこそ対話の意味は存するのだとするのが、通例かもしれない。結果として見れば、プラトンの場合でも、その「教説」は対話の主導者たち(ソクラテス、エレアからの客人、ティマイオス、クリティアス、アテナイからの客人)の語る言論の流れから、問いかけの疑問符を外して平叙文として読みついでいくことで、さしあたりは得られよう。すなわち、プラトン的「対話篇」も他の思想家たちのそれと同様に、論文的叙述を台詞の割り振りによって分節化しただけのものとして読むこともできるということである。事実、われわれは「プラトンによれば」と言いつつ、対話の任意の一節を抜き書きすることに、さほどのためらいを感じはしないのである。そのときわれわれは、そのように読むことによってプラトンを読んだものとしているのではないか。しかし、プラトンの「対話篇」の本然はそこにはない。林達夫の言うところをさらに引いてみよう。

ところが「真」の対話は、こんな影の如き形而上学的亡霊の生彩のない概念的言葉の単なるやりとりではない。それはまた理論や意見の間のただの劇的争闘だけでもない。それは実に生きた人間、その気稟、性格、情熱、利害と寸毫も切り離すことのできない、生きた思想、生きた意見の劇的争闘の展開でなくてはならないのである。〔中略〕——この真の対話を書いたのは、私を以て言わしむれば、(『ラモーの甥』の作者、フランス唯物論者、ディドロの場合を除けば)古代観念論の始祖、プラトン一人だけであった。プラトンは哲学者にして類稀なる芸術的対話を書いた殆ど唯一の真正なる芸術家であったのである。(2)

この後につづけて、彼は「プラトンの『対話篇』はプラトンの役割を演ずる一人の立役者とその反対者たちとの間に演じられる問題劇であるという風に」考えている「少し気の利いた哲学史家」(?)流の理解を一蹴している。(3) プラトンの「対話篇」に「生きた思想、生きた意見の劇的争闘の展開」を見る以上、それはもとより当然の指摘であろう。しかし、林の視点はそこから直ちに「芸術家」プラトンに収斂されてしまう。彼はその点を結論としてさらに強調し直している。「私は敢えて言おう、プラトンは先ず何よりも文学として読まれなければならないと。『対話篇』におけるプラトンは先ず何よりも戯曲作家である(4)」。

こうした指摘には、むろん、単なるドグマの拾い読みに対するカウンターバランスとしては聞くべきものがあろう。ただし、プラトンにすぐれた「戯曲作家」を見いだすことには、すでに先蹤者があった。林の引用にもあるとおり、哲学史家アルベール・リヴォーもプラトンをシェイクスピアやモリエールになぞらえていた。同様の指摘は、リヴォーと相前後して、P・フリートレンダーによってもなされていて(5)、シェイクスピアやゲーテの作品に登場するのはハムレットであり、ファウストであり、その他無数の人物たちの演ずるドラマが彼らの作品世界であるが、それらの総体がまさに作者自身の思想を体現していることに、プラトンと「対話篇」との関係になぞらえられている。もっとも彼らの「対話篇」構成の捉え方は、彼らのプラトン思想の理解の前提として、それと直結している。特にリヴォーの場合、プラトニズムをある種の折衷主義と見なし、多彩な人物によるドラマは、そのままプラトンに受容された折衷的諸要素を表示するものとされる。「彼は作者の何等の権利も要求しない……常に彼は一流の人たちの背後に身をかくす……彼は創造者であることを誇りとしない、ただ解釈者であるだけだ。彼は彼の富を彼が見つけるどこからでも取ってくる」(林による。二〇五頁)。しかも、リヴォーが「彼はシェークスピアやモリエールのように仕事をする」というのは、直截には「剽窃を恥としない」からである。(6) とはいえ、「戯曲作家」プラトンの腕前を称賛している点では林の評価と通有している。

2 思考構造としてのドラマ形式

しかし、もしそれで「対話篇」形式の意図するものが尽くされるのだとしたら、プラトンはむしろ拙劣な著作家だということもなるだろう。あざやかな表層のドラマ性が見てとられるのは初期・中期の作品においてだけであり、後期においては、思想内容の高度化と熟成とに反比例するようにして、(純然たる台詞のやりとりによる、形式としてのドラマ仕立てはより徹底化されるにもかかわらず)林の言う「血の気の通った、肉のある人間によって行なわれる思想争闘劇」は、薄れた色彩のものになっていく。あるいは、むしろ意図的にテクストから払拭されていく。後期著作においては、生動的な場面や対話は最小限に切り詰められていることはまぎれもない。プラトンにおける「形式」(対話篇)と「内容」(哲学的議論)の一体性を強調するM・H・ミラーは、表層のドラマ性においては明らかに最も単調な対話に終始している著作の一つ(『政治家(ポリティコス)』)を取り上げつつ、こう述べている。

見るとおり『政治家(ポリティコス)』には……話者同士の目立った紛糾はごくわずかにしかない。しかし、目立った対立関係をドラマ的要因そのものだとするのでないかぎり、その観察事実が告げているのが、ドラマ的要因そのものの衰退であるのか、それとも新たな様式の付与であるのかは不明である。とりわけ、静謐な雰囲気が紛糾の欠如を表わしているのか、それともそれが隠れて存在していることを示しているのかは、問いただしてみなければならない事柄である。(7)

彼は、その著作全体を通じて、多少の挑発を込めつつ、『政治家(ポリティコス)』にはとりわけ顕著にそうした特色が見て取られることを主張し、実際に作品に即したたんねんな分析を施して、その一見単調な「分割」的定義のプロセスに、話者の疑義や躊躇やアイロニーのかたちで織り込まれた劇的要素を逐一取り出して示している。

とはいえ、そこからいっそう充実したドラマ性を剔出することは、やはり文字通りの仕方では不可能であろう。ドラマとしての文学的魅力は、「後期対話篇」において大きく後退していることは、ひとまず否定しえない。むしろ、それらは外形上のドラマとしてのメリットを欠きながら、なおドラマ形式の「対話篇」であることをやめていないものと見るべきであろう。つまり、「対話篇」の意図は文学性の枠内に狙いを定めてはいないのである。そのことを認めることによってこそ、後期著作がなお「対話篇」であることの意味、そしてプラトン的「対話篇」の本来的な意図が見えてくるのではないだろうか。

事柄は別の仕方で捉えられなければならない。形骸化したドラマにおいてもなおプラトンがその「形式」を堅持しつづけているとすれば、ほかならぬ「形式」としての「対話篇」そのものが不可欠な意義と役割を担っていると考えなければなるまい。その意味では、後期著作の形骸化したドラマにこそ、そのスタイルの意味するものが、かえって純度の高い鉱脈のようにありありと示されている、と言ってよかろう。いずれにせよ、プラトンは哲学を「対話篇」(ドラマ)に仕立てたのではない。「対話篇」(ドラマ)によって彼は哲学を運んでいる。あるいは、それこそがプラトン哲学そのもののかたちなのである。(8)

3 対話と想起

プラトン哲学が本性的に対話性に立っていること、つまり「対話篇」というスタイルが彼の哲学を導き、彼の哲学は「対話篇」というスタイルを必然的なものとしたことを明らかにするために、彼が長く深いソクラテス体験を経過して到達した想起説をアクシスにとることから、論を立て直したい。(以下はこれまでの関連諸論考を要約摘記したものであり、もっぱら「対話」についてのプラトン固有の見地とそれらの意味するものを明らかにすることを眼目とする。)

プラトンは『メノン』においてソクラテス主義から大きな飛躍をとげる。この著作で提出される想起説は、そのためのほとんど決定的な契機をなしている。もっとも想起説そのものは、何らかの具体的な「方法」として、新たな知へのプログラムを用意するものではない。むしろそれはプラトン哲学という巨大なキャンバス全体に塗り込められた下地のようなものである。以後の彼の著作においても、想起説がそれ自体として彩りを見せることはまれである。しかし、これ以降多様に展開される彼の議論はたえず想起説の上に重ね塗りされる仕方で成立していると言ってよかろう。それは、知に対するわれわれの関わりにある決定的な新視野を与え、知の所在とそのあり方について、確かな方向性と可能性を開くものとなる。

想起説についてまず注意されるのは、それが対話的な探求の実際に即した、具体的な事実として提示されていることである。周知のように、テッサリアの青年貴族メノンの召使の一人で、幾何学などまったく学んだことのない子供が、ソクラテスとの対話を介して、与えられた正方形の二倍の面積を持った正方形の作図問題を解く過程がそれである(『メノン』82B ff.)。子供が「正解」にまで到達することを別にすれば、この場面には(明らかに意図的に)「初期対話篇」の進行がほとんど理想化された仕方で模式的に再現されている。

その過程のすべてが、ソクラテスによって砂の上に描かれた作図に助けられ、しかも次々に与えられるほとんど「誘導尋問」的な示唆に導かれて進行していることは明白である。しかし、重要な点は、ソクラテスがどこでもけっして解答を押しつけようとはしていないことであり、少年もまたけっしてソクラテスの指示を鵜呑みにしてはいないことである。逐一のプロセスにおいて、少年の了解がたんねんに取り付けられていく。むろん、少年はこの段階のみで十全な「知識」を得たわけではない。彼はなるほどソクラテスの問いかけにその都度の内発的な確信をもって応答してはいるが、その確信はいまだなお「(真なる)思いなし(ドクサ)」のレベルにとどまっているからである。とはいえ、想起という知の新たな捉え方が重要な意味を蔵していることは、この「実験」に明らかに見てとられよう。

何よりも端的な事実であり、しかも意外に事の核心を突いているのは、これまでまったく幾何学を学んだことのない少年が、この場でも何一つ「教え込まれる」ことなく、ただ問いかけに応ずるだけで、ともかくも正しい答えに行き着いたという結果である。むろんこの場合、ソクラテスはあらかじめ正解を知っていて、最も的確に問いを通じて「誘導」している。しかし、そうした操作の有無は少年の内発的な知的向上の過程に本質的には関わりのないことである。各段階において発せられる「問い」への態度の選択と決定は、つねに彼自身にゆだねられている。発問者が知っていることであろうと知らないことであろうと、答え手が自力で判断し決定しなければならないことに、いささかの違いもない。もし答えに窮する問いにぶつかった場合や誤った応答をした場合には、さらなる応答を迂回することによって、局面を越えなければならないが、最終的にはすべて彼が自力で答えを引き出しつつ、正しい筋道を歩みきることに変わりはないのである。

つまり、最終的には、少年が自力で正しい答えに到達したのだ。そして、それを可能にしたのは、「問いかけ」の喚起する力であった。その結果は、まさにソクラテス的な対話の有効性を裏書するものにほかならない。少年とのやりとりが「初期対話篇」を模式化したものであることは、すでに触れたとおりである。しかも、ふだんの対話の場でのソクラテスがそうであったように、「問いかけ」自体はその答えを知らない発問者にも可能である。とすれば、知らぬ者と知らぬ者との対話(「ソクラテス的対話篇」はつねにその構図のもとにある)という場においても、正しい答えへの道は開かれているのではないか。「想起」の実質はその可能性への信頼の表明である。「初期対話篇」での「行き詰まり(アポリアー)」は、ある意味でけっして本質的な問題ではない。メノンに仕える少年との対話に較べれば、そこではいささかの錯綜した手続とそれに伴う混乱や不手際が介在してくるにせよ、同じ経路をたどって確実に知へと近接しているのである。実際、しばしばそれらの対話は、ほとんど的確な「定義」のありかをかぎつけるところまで進展していたはずである。対話に打ち切りを告げるのはいつもソクラテスであったが、問うことが知を喚起しうることを、プラトンは「ソクラテス体験」を通じて確信していたにちがいない。プラトンの哲学が終生にわたって「対話」の構造をとりつづけ、その中で知への道を開いていったのは、とりもなおさず、問いと答えの応答の場に知の可能性を見いだし、それを組織化していったことを意味するものと考えることができよう。

4　知の内発性

想起説は、しかし、そのようにして「対話」の意味を保証し、知への可能性を一般的に確保するだけのものではない。むしろそれは、われわれにとっての知のあり方に対して根本的な態度変更を迫るものでもある。それは、あらゆる知の生得性・内在性を想定する限りでは、一見きわめて楽観的な認識論であるかにも思われよう。しかし、この外見上の知的オプティミズムは、反面において、きわめて厳しい要請をわれわれ各自に課すものでもある。想起という新たな「学び」のあり方によれば、およそわれわれの知は、人から伝え聞くことによって授けられるものではありえないことになるからである。知は各自の内発的な努力の所産へと転じられている。他者の言表を受け取ることと、そこに込められた知の内実を自己のものとすることとは全く異なった事態である。それもまたせいぜい聞き手の「想起」を促す機縁となりうるにすぎない。しかも不都合なことには、固定化された言表の聴従と表層的な理解は、かえって想起の発動を押さえ込み、実質のない(すなわち自己確認を欠いた)思いなし(ドクサ)を植えつけられてそれに安住する結果をもたらすだけである。真の知は外から与えられるものではなく、それに触発されつつ、各自がその内において生み出し育て上げるべきものだとする基本的洞察こそ、想起説の基底にある最も重要な前提であると言うべきであろう。

むろん「教える」側のあり方も変わる。彼の役割は「教え込む」ことではなく、「想起させる」ことにほかならない。なすべきことは、ソクラテスが召使の少年にしてみせたように、効果的な問いかけによって、学ぶ者の思いなしをかき立てて(*ἐκκινεῖν*)、内発的な判断の発動を促すことである。

しかも「想起」の観点の限りでは、学びにおいて教える側の知者の存在は、ある意味で付帯的な要件にすぎない。いずれにせよ、問いかけに対して学ぶ者自身がみずからの力で考え抜かなければならないのである。明らかにソクラテスは、知者による「教え」(すなわち想起の促し)といまだ知を備えていない者同士の「共同探求(συζήτησις)」とを(学ぶ者の立場からは)決定的に区別してはいない。むしろそれこそが「想起」に期待されている事態なのではないか。少年に幾何学題を課した場面は、むろんソクラテスが「知者」の位置に立ちながら問いかけているケースである。しかし、そこで示された「想起」という事実が、そのままソクラテスとメノンの間での(すなわち、いまだ知に到達していない者同士の)探求の継続を保証するものとされている(『メノン』86B)のは、そのことを意味するものにほかなるまい。メノンにも「正解」が知られている幾何学題の例は、「想起」を効果的に見えやすくするためのテスト・ケースとしてとられたものだが、同時にそれは、事実上「探求」において知者の存在を前提する必要がないことをも示唆している。実際、少年に対しては「知者」たるソクラテスといえども、とりあえずは「夢のような」ぼんやりした思いなし(ドクサ)しか引き出すことができないのである。たんねんな質疑を重ねることで、少年のさらなる自発的な思考を促しつづけ、いまだ明瞭な知に至っていない点を明確化していくことのみが、それを超える手立てである。

問われた者はその問いをみずからに向けて問いなおし、「イエス／ノー」の応答によって、それをみずからの「判断(ドクサ)」として引き受ける。つまり、対話的な問いかけという手続を介して、事柄は答え手の(いかなる程度においてにせよ)吟味と主体的考察を加えられることによって、すなわち想起がなされることによって、しかもその限りにおいて、彼の側の意見に転じられているのだ。学びはそのようにしてようやく成立する(成立し始める)。この点において「想起」

がソクラテス的対話の特質を踏襲し、そこにひそむ意味を掘り起こすことで到達した帰結であったことは、容易に見てとられよう。対話の場での言論は「いつでもわたしと対話を交わす相手方から出ている」とソクラテスは言う(たとえば『テアイテトス』161B)。たえず言論を問いのかたちで投ずるソクラテスは、その担い手たる立場をすり抜けつつ、相手を共同探求へと引き入れている。繰り返すならば、「想起」とは問いかけが触発する内発的思考力のことである。そして、まさにそのようなものとしてそれはプラトンの思考の場を形成し、思考は基本的に問われたことへの応答として、「対話」の場においてのみ、あるいは「対話」というかたちにおいてのみ、発現するものとされるのである。

5　内に向かう対話

われわれは、外なるものとの適正な関わり(正しい判定、適切な行動など)を、それ自体として「知」と見なしがちであるが、ソクラテス(プラトン)によれば、それはなお必要十分な要件を満たしてはいない。結果だけの正しさであれば、知の裏付けがなくとも、その都度の「思いなし(ドクサ)」による当て推量が功を奏することは珍しくないからである。「正しい思いなし(*ὀρθὴ δόξα*)」ないし「真なる思いなし(*ἀληθὴς δόξα*)」であるかぎり、現実との対応において、知と何ら遜色はない(『メノン』97B ff.)。しかし「知」の実質的な成立の場はそこにはない。問われなければならないのは、それらを内において支えている判断根拠である。それが「原因(根拠)の思考」(『メノン』98A)に裏付けられているか否かにおいて、「知」と「真なる思いなし」とは決定的に相違している。かくして、知は各自の内奥に向かって自分自身の力で求めていかなければならない。ようやくそのありかは探り当てられたのだ。

のちにプラトンは、知への行程をより確固としたプログラムに仕上げた上で、本来の知に対してとるべき方向性をいっそう明瞭にしている。『国家』には、われわれの知的認識の形成についてきわめて意味深いトータル・イメージが示されている(第七巻514A ff.)。そこではソクラテスは「教育と無教育ということに関するわれわれ人間の本性」を奇妙な洞窟のありさまになぞらえながら、知が外からもたらされるものではないことを鮮明にして、こう語っている。

> 教育とは、どのようにすれば最も容易に、最も効果的に(知に関わる)器官が向かう方向を変えるかという向け変えに関する技術だということになろう。それは、その器官の中に視力を植えつける技術ではなくて、見なければならぬ方向を見ていないから、その点を直すように工夫する技術なのだ。(518D)

ソクラテスのなぞらえる「洞窟」において、その奥底に拘束されて前方の壁面に映し出された影の動きだけを追っている者たちは、「われわれ自身」の日常的なありようの象徴にほかならない。われわれ各自がそれぞれに魂という洞窟を内にうがっているのである。奥底の壁面(すなわち魂の最表層)を動く影は感覚上の現われである。われわれはそれのみが世界のすべてだと思い込み、その動きだけを注視しがちである。しかし、事柄を正しく「知る」ためには、表層の事象連関のみを追うことをやめて、影像を作りだしている仕掛の方へ、そしてさらにその彼方にある原物の方へと目を向け変えなければならない。それらはわれわれの背後にしつらえられてある。たまたま縛めを解かれた者が背後を振り返り、洞窟のきつい傾斜面を遡っていく過程は、むろん『メノン』において「原因(根拠)の思考」と呼ばれていたものと一つである。洞窟を遡行することは、すなわちわれわれ自身の心の内奥へと降り立っていくことであり、内なる判断基準を見つめ直し、それをより正確なものとして確保していく過程のことである。ここでも知は「洞窟」を遡っていく各自の主体的な関わりにおいてのみ、各自の内に形成されるものであることが示唆されていよう。その行程は自分自身で歩みきらねばならないのである。

同様にして、『パイドロス』においては、哲学が「書き表わされた」著作のかたちでは存在しえず、ただ親密な対話の場で交わされる「生きた言葉」としてのみ発現しうることが強調的に語られている(276A)。知が内発的な営為を通じた「想起」であるとすれば、それは当然のことであろう。「生きた言葉」とは文字通り生身の人間の魂の内に抱懐されて、現に営まれている思考そのもののことである。それに対して、「書かれたもの」(そして、テシスのかたちをとる限りでは、一旦発言され、一方的に聞き取られた言論はすでに「書き表わされたもの」と同じ変質をこうむっている)がせいぜい書き手自身にとっての備忘録であり、さらに読み手にとってはきわめて不手際な(問い直しのきかない)対話の問い手でしかありえないことも、また当然であるとしなければならない。

誤解してはならないが、「対話」とは各自の見解を単にぶつけ合うこと、伝え合うことではない。交渉と妥協による「合意」よりも、真摯な「決裂」に対話の実質が担保されることは、ソクラテスの対話にもしばしば見られるとおりである。それは、むしろ話者同士の見解を問いかけによって確かめ合おうとする手続を通じて、実はそれぞれが自己自身の見解を明確化させる場なのである。とすれば、哲学的な知の芽生えについて、晩年のプラトンが次のように述べているのも、何ら事態を神秘化するものではないことはあきらかであろう。

これは、他の学びごとのように言葉で言い表わすことがどうしてもできないものだからであって、長い間この営みそのものに関わる考察を共にし、生活を共にすることによって、突如として、あたかも一つの火が燃え移って別の光明が点じられるようにして、学び手の魂の内に芽生えると、あとはそれ自体が自己成長をとげていくのである。(『第七書簡』341C–D)

知が問いかけに触発されつつ、みずからの内から呼び覚ますほかないものであること(それこそが「対話」である)は、すでにメノンに仕える少年における最初の知の芽生えによっても明確にされていた事柄なのである。

むすび

議論は語り手と聞き手の間で一方向的に語り伝えられるのではない。それはつねに両者(ときには思考する者の内に語り手と聞き手が共存するにせよ)の間の応答としてのみ成立するのである。いかなるテシスにせよ、それはテシス(置かれたもの)として提示されることによって非人称的な形骸物となる。たえずそれらを問いとして受け止め合いつつ、相手からの応答を促す場に置かれている限りでしかテシスは生きたものではありえない。もとより、そのことは「書き表わされたもの」をまったく無意味化するものではない。文字によるものであれ、音声によるものであれ、言葉が対象不定的に語り出されたとき、それらはただちに死後硬直を免れないだろう。しかし、それらを受け取る側の者が問いとして応答しようとするかぎりでは、なお生きた言葉のやりとりを(少なくとも模擬的に)「書かれたもの」との間で回復することは可能なはずである。他方、もしすぐれた「書かれたもの」がありうるとしたら、それはまさにそうした読み手の体勢に応ずるだけの問いの触発力と批判的吟味に耐えうる深い洞察を内に秘めたもののことである。

(1) 林達夫「『タイス』の饗宴——哲学的対話文学について」『文藝復興』(中公文庫、一九八一年)、一九九—二〇〇頁(初出は一九二七年)。同じくこの個所を、しかし批判的に引用している近藤恒一『ペトラルカと対話体文学』(創文社、一九九七年)は、プラトン的「対話篇」とは異なる「対話篇」の存在を論じていて傾聴すべきところが多い。
（2）同上、二〇〇頁。
（3）同上、二〇一頁。
（4）同上、二〇三頁。
（5）同様の指摘は P. Friedländer にもされている。*Platon*, Bd.1, Berlin, 1964, S. 178.
（6）古くからある一つの解釈として、プラトンは彼の著作中のいかなる言明にもコミットしていないのであり、そもそも絶対的に正しい客観的真理などありえないというのが彼の立場であった、とする懐疑主義的立場がある。「著者の不在」や「プラトンの著作なるものはそもそも何一つ存在しない」という『第二書簡』中の言葉(314C)と表面的に符合させれば、「対話篇」はそのようにも見られることになる。
（7）Miller, M. H., *The Philosopher in Plato's Statesman*, The Hague, 1980, p. xv.
（8）「後期対話篇」の「形骸化したドラマ」にこそ、プラトンの思考構造を的確鮮明に見てとることができる。この点については、『対話という思想』(岩波書店、二〇〇四年、特に第七章)を参照されたい。

哲学の始点における断片的対話

——前三四七年に近い時期のアカデメイア、あるいは前三二二年以後におけるアケロン川の彼方にて。

プラトン　私にとって哲学とは何よりもまずソクラテスのように生きることだった。彼はまことに不思議な人だった。なぜかあの人だけにひときわ明るい陽光が降りそそぎ、……そしてその分、たえずより深々とした影が周囲を包んでいたような気がしてならない。

アリストテレス　私がアテナイにやって来てアカデメイアに入校したのはソクラテスが亡くなって三〇年も経った後でしたから、私にとってはすっかりもう神話の中の存在でした。その限りない魅力については、あなたから直接うかがいもしましたが、とりわけソクラテスが対話を導いている美しい書き物にはすっかり魅了されてしまいました。

プラトン　たしかに君は当時ではまだ珍しい「読書家」だった。いつも一人でパピルス（パピュロス）を広げてぼそぼそと読み上げる声がアカデメイアの蔵書庫に響いていたものだ。われわれは、もっぱら人に読み上げてもらって、それを聞くのが通例だったのだがね。——君はとくに『パイドン』がお気に入りのようだった。

アリストテレス　はい、ソクラテスが毒杯を仰いで亡くなっていく日に交わされた魂の不死をめぐる対話は、私がとりわけ深い感銘を受けたものです。

プラトン　学園にいたころの君は死という観念に憑かれているようなところがあった。シュラクゥサイ(シラクサ)で戦死したエウデモスのことを書いた「対話篇」でも、死が魂の故郷への帰還にほかならないことを美しく語っていた。キュプロスの僭主テミソンに宛てた「書簡」のかたちで書かれた『哲学の勧め(プロトレプティコス)』では、さらにペシミスティックに死を礼讃していたものだ。この世におけるわれわれの魂のありさまをエトルリアの山賊たちが行う過酷な拷問になぞらえていたが、あのイメージは忘れられないほど鮮烈だった。彼らは捕らえた者を苛《さいな》むために死者の身体と縛り合わせてさらし者にする。それも、顔と顔、手と手、脚と脚という具合に各部位をぴったりと合わせて縛りつけたまま死にいたらせるというのだったね。そして、まさにそのようにして、地上でのわれわれの魂は身体に固着させられている、と君は言っていたわけだ。『パイドン』では私も魂と身体の対立を強調した議論を試みたが、君はこの世の生の愚劣さと死への憧ればかりを語っていた。

アリストテレス　生まれついての気質として、生のはかなさにとりわけ深く囚われていたところもあったでしょうが、それ以上に私はまさに『パイドン』に魅せられたのです。死すべき存在としていかに生きるべきかという問いに答えてくれるものを、あの対話篇の中に、いかようにも深く見出していくことができたのです。私は『パイドン』によって「哲学」に引き寄せられ、『パイドン』によって「哲学」とは何かを理解しました。

プラトン　私としても、「哲学」が一つの「学」たりうるという自覚に促されて書いたのは、あのときが最初だったように思う。ソクラテスの死とは、われわれにとっては、彼を失うということだ。かの人亡き後になお「哲学」は残らなければならない。そのためにはそれを「方法化」しなければならない。——むろん彼はずっと早く亡くなっていた。以来長らく私は「内なるソクラテス」と対話を交わしてきた。その一端はパピルスにも書きためてきた。しかし、それらは要するに「ソークラティコイ・ロゴイ」(ソクラテス語録)として、死せるソクラテスを後に伝えるよすがでしかないだろう。「哲学」が「哲学」たりうるためには、「ソクラテス」が「方法化」され、「制度化」されなければならない。そういう新たな意識が『パイドン』にははっきりと動き始めていることを、自分でも感知していた。あるいは、ソクラテスの死を語るとき、おのずから言説はそのように展開していくのが必然だったのだろう。

アリストテレス　『パイドン』におけるソクラテスの死は新たなソクラテスの蘇りでもあったのですね。

プラトン　そう、ソクラテスという人物が「学」として再生していく……。ソクラテスを時代の「ドグマ」(学説)の中に立たせてみたのも、ほとんどあのときが初めてのことだった。

アリストテレス　ソクラテスの「自叙伝」の個所ですね。

プラトン　あれほどに知識欲の旺盛な人だから、ペリクレスの時代に次々と流入してきた自然学などの新思想をおそらくはすべてやすやすと咀嚼してきたことは確かだろう。そんな様子はわれわれの前でおくびにも出さなかったがね。彼の関心事はいとも端的に「よく生きる」ことにのみ狙いが定められていた。しかし、その見事な姿勢はせいぜい彼と直接出会い、直接対話を交わした人の中に残された「生ける思い出」(エンプシューコス・ムネーメー)としてしか保たれないだろう。アンティステネスやアリスティッポスはソクラテスのように生きようとした。彼らが後世に及ぼした影響はけっして小さくはなかったが、結局ソクラテスの生を再現することからは遠かった。いや、それはともかくとして、私はむしろ「生の認識者」としてのソクラテスを追いかけることに努めた、と言っていいだろう。実際、知のみが確かな継承を可能にするのだからね。

アリストテレス　で、ソクラテスを知の伝統の中に位置づけてみたのが、例の架空の「自叙伝」ですね。

プラトン　そういうことになる。もっとも、あの文脈では「原因」ということが主題的に問われていて、そのために、もっぱらその点について議論百出だった「自然についての探究と人々が呼んでいるあの知識」にたまたま話が及んだにすぎないのだがね。私には、哲学を特定化してその「歴史」そのものを辿ることへの関心は希薄だった。と言うよりも、ソクラテスの生死の意味するものを範としながら、ようやく哲学とは何かについて、少しずつ輪郭を描いていたその過程においては、「哲学史」など考えられもしなかった。

アリストテレス　あなたも後年にはパルメニデスをはじめとして多くの先人たちに関心を向け、彼らの思想を「対話篇」の中に導き入れて、より深い思索への媒介力を引き出しておられました。私が後に哲学思想の発展図式の整理を図って、その端緒をタレスに求めたのも、あなたの着眼をさらに辿っていった結果だと言えるでしょう。とりわけ『パイドン』のあの個所がすべての出発点になったのです。哲学知は、結局のところ、「原因」の解明の線で押さえることができるという考えもそれから示唆を得たものにほかなりません。いや、さらに言えば、私はあなたの「対話篇」を幾度も読み返し、それらをなぞり直すことから「哲学」を学んだのでした。

プラトン　当時君が著わして公刊した多くの著作にも、その跡は歴然としている。エウデモスの「魂の帰還」は『クリトン』で触れたソクラテスの夢見と重なっているし、エトルリアの山賊の拷問は、少しグロテスクにすぎるが、たしかに『パイドン』で語ろうとした、魂と身体のあり方を一面において鮮明に示している。ほかにも――

アリストテレス　はい、とくに『哲学の勧め』は、いささか若気の至りながら、イソクラテスのアカデメイア批判に対抗して、われわれの学園の理念を世に示そうと意図したものでしたから、あなたの語っていたことに多くを借りています。

プラトン　しかし、君独特の仕方でね。私には君はあのころからすでに独自の主張を展開していたとしか見えなかったものだ。そもそも、アカデメイアはまったく各自が自由に哲学する場だった。そこには共有すべきいかなるドグマも存在しなかった。共に知を愛し、知を求める熱意だけが共有されていたのだった。

アリストテレス　私は懸命にあなたの思想を摂取し、「解釈」を深めようとしていました。ちょうどあなた自身がソクラテス「解釈」を通じてご自分の立場を開いていったように——

プラトン　いや、それが他者を媒介してみずからの思想を触発することだとしても、私はソクラテスを「解釈」しようとなどしなかった。私はたえずあの人に問いかけ、あの人の言行の意味するものを「不在のナマの声」として聞き取ろうとしてきただけだった。実際、(『第二書簡』に記したとおり)「プラトンの著作なるものは何一つ存在しはしない」のであって、そのすべては「若返らせられたソクラテスのものにほかならない」と言っていいのだよ。

アリストテレス　たしかに、あなたの立っていた思索の世界、そしてそれを支える言語世界は独特だった。あの「対話」という空間は、すべての発言を公共化しつつ、しかも対話者各自はのっぴきならない自己自身としてしか参入しようがないものだった。しかもその呪縛は読み手をもからめとってしまうようにできている。——しかも、そういう仕方でそこに定着されているのは、まぎれもなくあなたご自身の思想でした。

プラトン　あれは、個々の知を究極の叡知へとつなぎ止めていくためにはとらねばならない結構だった。私にとって、まさにヘラクレイトスの言うように「知は一つ」なのだ。君は自然学から自然神学への系列に哲学の本道を画定していった。われわれ二人の哲学的プログラムは互いに共通しているところも多いが、むろん違いも大きいものだった。たとえば「方法」においても対照的だった。君が哲学的な視点の統一のもとで知の領域化を図ったことで、さまざまな学が成立したことは、やはり大きな貢献とするべきだろう。もっとも、諸学はその後しだいに哲学的統一性を離れてまったくの個別科学として袂《たもと》を分かっていった。そのために、細部にまで真理を見出そうとした君の意図が分散化したことも否めないだろう。

アリストテレス　それに対して、あなたは知の原理的集約をどこまでも目指された。アカデメイアでわれわれの受けた訓練は何よりもまず数学でした。それによってものごとを厳密に考察する態度を養うことが求められた。やがてイデア的なものを基準とした言葉を媒介として事物や事象を適切に分節化し、またイデアの(あるいは言葉の)織り合わせ(シュンプロケー)を精緻に見極めることでそれらの本性を明らかにする修練にも努めました。あなたが目指していたのは言葉による世界の取り押さえだった、と言ってもいいでしょうか。

プラトン　『パイドン』でのソクラテスに「日蝕を観察する人が水か何かの中に太陽を映して眺めるように、ロゴスの中に逃れて、そのなかで存在するものの真理を考察する」と語らせたときから(むろん、それがよりいっそう映じられた影の中で考察することにはけっしてならない、とも言い添えたのだが)、基本的にその方向を企図していたと言ってもいいだろう。「ロゴス」は多層的だが、ともかく言語的なものの内に思考を漸進的に確保していこうという立場を見定めたつもりだった。事象や事物そのものの揺らぎや変化の中に固定点を求めるのは、不確定なものによって不確定なものを捉えようとすることでしかないから、ひとまずものごとを言葉として掬い取り、それから先は言葉と外なる事物との照合関係において事の当否を決めることはやめて、むしろ言葉そのものの内部で、言わば「論理」的な関係や「概念」間の包摂・排除関係を精緻に追いかけていくことに可能性を求めたのだった――それがディアレクティケー（哲学的対話法）の骨格の作業になるのだが。もっとも、別の意味で言葉ほど度しがたいものもない。われわれに与えられたままの状態では、それもまた事象の揺れ動きに合わせて漂っているばかりなのだからね。それでも言葉の揺らぎを制御しながら、そのなかでイデアを追い、イデアへの眼差しによって言葉の内実に対する保証を取り付けていくプロセスのみが知を開くものだと考えている。その限りなく困難で長いプロセスの中で、イデアに行き着いたとき、ようやく言葉の揺らぎもまた収まり、真に一意性を獲得しうることになるのだろう。

アリストテレス　私も一つの叡知への集約性という理念を忘れたことはありませんでした。

プラトン　なるほど。しかし、われわれはソクラテス的対話が哲「学」へとたしかに転じ始めた『パイドン』を地歩として共有しながら、まさにその同じ地点から互いの立場をはっきりと分岐させていったのではないだろうか。むろん「イデア論」への対応でも相違は顕著だったが（それでも君のとった方途は、なお最大限に内在化させることによるイデア論の一つの可能性だったと見ることもできよう）、むしろそれ以前に「学知」（エピステーメー）の内実が大きく異なっていったようだ。私にとってすべては「学ぶべき最大のもの」へと収斂されるべきだった。それを「善のイデア」とするべきか否かはさておくとしても、君は多様な学知の各領域をそれ自体として完結したものとみなし、知の究極をいわばそれらの体系的配置において構想していたのだね。最高の知としての「ソピアー」も、神的なもの、超自然的で不変なるものについての「領域知」にほかならない。――あれは『哲学について』という、やはり君が若い頃に公刊した大著の中でのことだったが、私のソクラテスが『国家』で語った「洞窟の譬喩」を面白い仕方で転用していたね。洞窟の内部は地下に建てられた美しい家屋に置き換えられていた。その「さまざまな彫像や絵画で飾られた立派な明るい家に住まっている人たち」が、しかし、あるとき「覆い隠された家から逃れ出て、この地上に出てくることができたとしたら」と君は言っていた、「突然彼らは大地や海や天空を目にし、雲の雄大さや風の力を知らされ、また太陽を見てその壮大な美しさに心打たれ、天空を光で満たして昼となす力を示され」、さらにはあらゆる天体の永遠に変わることのない運行のさまを知らされて、そこにそれらすべての原因者たる神の存在を確信するにちがいない、とね。私にとっては、洞窟の内と外とは、自然界を含めて目に見え感覚の対象となる領域と知性のみに示されるイデア的な領域とを分かつものだったのだが――

アリストテレス　私の想定した地下の家屋は人為の世界であり、それはたんに人工物のみならず、人の営みとしての倫理や政治も含むものと考えて下さい。地上の世界は本来の学が成立すべき自然の領域です。私はその両者を切り分けることによって、哲学を精緻な学の体系として立てることを目指すとともに、倫理学や政治学はそれによって支えられるべきものとしたのです。

プラトン　宇宙的秩序(コスモス)において理想的知性の顕現を見てとることは私が進んだ方向でもあった。しかし君はあまりに早く正義や善についての考察に制約をかけてしまったのではないだろうか。もう一度『哲学の勧め』にもどれば、そこで君は「他の諸技術においては、人々はその用具や最も正確な算段などを第一次的なものそれ自体から直接に得るのではなく、第二次的なもの、あるいは第三次的なものから、さらには数段階も隔たったものから得て、おおよそのところを知る。しかし、ただ哲学者のみが正確なものそれ自体から写しとるのである。なぜならば、哲学者とは原物そのものを観想する者であり、似像を観る者ではないからである」と言っていた。しかし、このときすでに「第一次的なもの」とは、「自然と神的なもの」という微妙な表現で語られているが、イデア的なものであるよりもまさに君特有の仕方で読み替えられた「洞窟の譬喩」における「ピュシス的(自然的)なるもの」にほかならなかったのだ。なるほど地下の屋内における生は外なる自然によってこそ根拠を得ているとはされているが、そこでの生活規範としての倫理や政治のあり方が「ピュシス的」(自然本性的)な正義それ自体や善それ自体によって直接照射されるということはない。むしろすべての学はそのためにあるべきものだったのであり、それらの「ピュシス」こそがつきとめられなければならないと、私は考えていたのだよ——

アリストテレス　たしかに、私は学における観想(テオーリアー)そのものにすべてを託したのです。人間は本来的に知ることを欲求している。その本性にこそわれわれの生の意味もかかっているのではないでしょうか。「よく生きる」というソクラテス的理念を私はそのようなかたちで捉え直したと言ってもいいでしょう。真理はひとまず日常世界と関わりない仕方で探究されるべきだということ、そしてそれこそが哲学者にとって真に望ましい生き方であることは、あなたもお認めのことだった。そして、日常世界を大勢の人たちの乗り組んでいる船になぞらえながら、なかに一人少しも働こうとせず星空ばかり眺めている男を「真の舵取り人」と呼んでもいました。ひたすら真理の探究にいそしむ哲学者のことですよね。ほんとうに航海に有用なのは彼にほかならないのだが、しかし当人はけっしてみずから欲して舵を取ろうとはしないのでした。

プラトン　そうだ、真の学とはそのようなものだ。しかし、観想としての学が「真の舵取り」の力を蔵するためには、やはり善や正義の本性を放棄することなく、どこまでも精緻に捉え返していく努力が、それこそ「最大の学」として要請されるのではないだろうか。いかなる憂いもなく思索に耽ることのできる「幸福者たちの島」とは、しょせん死後に期待すべき理想でしかないだろう。——奇妙なことだが、目に見える現実の世界の側に思索の基盤を置くことに固執した君は、むしろそれらを通して彼方にある永遠的な不動の存在に眼差しを向け続け、他方永遠・不動のイデアの存在を語った私のほうがたえず地上の生に深い関心を注いでいたのだね。

究極において価値の問題を学の中心に据えるか、それとも両者を鮮明に截断して「純粋な」学の領域を確保しようとするかは、われわれに続く長い哲学の歴史を通じてつねに対立をなしていくようだね。

ギリシア・コスモポリタン列伝
――「世界市民」の可能性を考えるために

「コスモポリーテース(コスモポリタン)」という言葉をはじめて作り出し、それをセルフ・アイデンティティとしたのは、ヘレニズムの激動期を生きた古代ギリシア人、シノペのディオゲネス(前四〇〇―三二五年頃)だったと伝えられている。

あなたはいずこのお方かと訊ねられると、「世界市民(コスモポリーテース)だ」と彼(ディオゲネス)は答えた。
(ディオゲネス・ラエルティオス『ギリシア哲学者列伝』第六巻六三節)

シノペのディオゲネスは、この名高い書物に収められた八十数人のギリシア哲学者たちのうちでも最大級の奇人の一人である。生国シノペで父親とともに粗悪な貨幣を鋳造したのが露見するとアテナイに逃亡し、そこでアンティステネスに感化されて哲学者となった。『ギリシア哲学者列伝』には、ディオゲネスが彼のもとに押しかけ、強引に弟子にしてもらったと言われている。

両者が直接師弟関係にあったかどうかついては疑問の余地も大きいが、彼がアンティステネスを師表と仰いだことはたしかである。ディオゲネスが生涯にわたって実践した単純質素な生活と苦行による心身の鍛練は、師に輪をかけて徹底的に激しいものだった。夏には熱砂の上を転げ回り、冬には雪の積もった彫像を抱きかかえたりもした、とのことである。簡素な生活への徹底ぶりについては、あるとき子供が手で水をすくって飲んでいるのを見て、わずかな持ち物の中からコップを投げ捨て、また別の子供がパンを凹ませてそこに豆スープを注いでいるのを見て、スープ鉢も捨ててしまったという逸話が伝えられている。それ以後、彼の所持物は、すがって歩く杖と空っぽの頭陀袋だけだったのであろう。

彼に「コスモポリーテース」を自覚させたゆえんはどこにあったのだろうか。この言葉が「ポリーテース」、すなわち「正規に認められた国家の構成員(市民)」に対立させられたものであり、実在するポリスの一員ではないことの意思表示であることは言うまでもあるまい。実際、犯罪者として故国から逃亡してアテナイにやってきた身の上では、いかなる国の「ポリーテース」でもありえないのはたしかである。しかし、そのことがただちに「コスモポリーテース」の意識に結びつくわけではあるまい。そうした国外逃亡ないし追放という事態に置かれ、ポリス(都市国家)の庇護を喪失した人たちは古来少なくない。

＊

たとえば、前五世紀後半のソフィストの一人で、本格的な弁論術をアテナイにもたらしたゴルギアス（前四八五頃―三七五年頃）も、シケリア（シチリア）島の祖国レオンティノイの有力政治家であったが、隣国のシュラクゥサイとの争いに敗れたためにギリシア本土に亡命し、そこでいま触れたような活動を始めたのだった。彼のみならず、ソフィストたちの多くが祖国を離れざるを得ないような境遇におかれていた。プロタゴラスやプロディィコス、エウエノスなどほとんどの人たちが、ペルシア戦争後に締結されたデロス同盟によってアテナイの帝国主義的支配のもとに属国化させられた小国の出身者たちであった。そうした状況におかれていた彼らは、自国における政治活動よりもむしろアテナイに出て活動することに実質的な意義を見いだした。ソフィストの活動は政治教育であり、一面においては、みずからの政治理念や目標を間接的に実現しようとする意図を持っていたのである。

より古く、ペルシア勢力が小アジアの地中海沿岸部（イオニア地方）のギリシア人たちを圧迫しはじめた前六世紀前半頃には国を挙げてはるか西方のイタリア方面に移住する動きもつづいた。たとえば、ポカイア市民はペルシアへの反乱に失敗すると国を捨て、長年にわたる放浪の旅をつづけたのち、南イタリアにエレアを創建した。哲学者のピュタゴラス（前五七〇頃―五世紀末）や詩人哲学者のクセノパネス（前五七〇頃―四七〇年頃）が祖国を捨てて西方に新たな活動の場を求めたのも、同じ波の中のできごとである。歴史家のヘロドトス（前四八五頃―四二〇年頃）はイオニア地方のハリカルナッソスに生まれたが、独裁者との抗争やペルシアとの軋轢を経験したのち、オリエント各地を広く旅行して歩き、後半生はアテナイや南イタリアの新興国トゥウリオイで過ごした。

さらにラディカルに祖国という枠を越えた生き方をした人たちも多々見られる。その典型はアテナイが生んだ二人の天才的政治・軍事指導者、テミストクレスとアルキビアデスである。

テミストクレス(前五二八頃―四六二年頃)は第二次ペルシア戦争を指導しサラミスの海戦でペルシア側の大艦隊を打ち破った人として知られている。その勝利は、まぎれもなく、彼のすぐれた戦術的指導力のみならず、早くから再度のペルシア軍襲来を予見し国を挙げてそれに備えるように努めた政治的洞察力の賜物であった。彼の母親は異国人であったと言われている。彼に備わった独特の「国際感覚」は、おそらくそのことと無関係ではあるまい。ごく早い時代にあって、彼の思考と行動の規範は、明らかにポリス(都市国家)の枠を越え出ている。そして、彼のそうした本領が発揮されるのは、むしろペルシア戦争における功業ののちにおいてである。生来名誉心と功名心が並はずれて強かったテミストクレスにはつねに政敵が多かったが、ペルシアの脅威が遠ざかるにつれて反発が表面化し、サラミスの海戦からほぼ一〇年後(前四七〇年頃)には陶片追放の処分を受けてアテナイを去る。しかもある陰謀事件に荷担したとの嫌疑を受けて、反逆罪に問われる。そのために彼はアテナイの勢力の及ばない「敵国」に身をゆだねるほかなくなってしまう。テミストクレスがとった手段は、彼に対してむしろ最も強い敵意を抱いている国々や支配者のもとに庇護を求めることだった。彼は、大胆さと細心の手練手管を弄しつつ見事に敵国の中枢部を渡り歩く。むろん、魅力的な性格と弁舌の冴えも大きな助けになったにちがいない。枢要な人物の妻女や愛妾などに取り入り、たくみに彼女らの力を利用するすべも心得ていた。

最後に行き着いたところは、こともあろうに、生涯の宿敵ペルシア大王の宮廷であった。ここでもある女性を通じて大王の側近に近づき、大王との直接謁見の機会を得る。彼は自分こそがペルシア軍を打ち破ったテミストクレスであると名乗りを上げ、巧みな弁舌でペルシア大王の庇護をも得てしまう。その夜、大王は喜びのあまり「アテナイのテミストクレス、わが手中にあり」と三度も叫んだと言われている。この謁見にさいして注目されるのは、テミストクレスは全面的にペルシアの風習に従うことを少しも厭わず、ギリシア人の忌み嫌う跪拝の礼をも平然ととっていることである。とはいえ、彼はけっして卑屈な態度は見せず、大王の面前でも傲然とした態度で、自己の主張を貫いているのである。しかも、彼はこの日のためにペルシア語の習得に努めた上で謁見の場に臨んだのだった。早くから自国文化に優越感を抱き自国語に誇りを持っていたギリシア人は、およそ異国の言葉には関心を示さなかった。それらを話そうと思ったり、実際に話せた者は、はるか後代に至ってもほんの数えるほどしかいなかったはずである。この端的な事実こそ、テミストクレスが備えていた異例の「国際感覚」を如実に示しているのかもしれない。その後、彼はギリシア制圧のために働くことになるのだが、いざ両国の対決の機が熟し、実行を迫られると、かつての自分の功業と名声を惜しむ「廉恥の心」が募り、ペルシア王をもさらに感服させるような、見事な仕方で自ら命を断ってしまう。

さらにすさまじい追放と亡命の生涯を送ったのはアルキビアデス(前四五〇頃―四〇四年)である。彼はペリクレスとも姻戚関係にあり、アテナイきっての名家に生まれたにもかかわらず、その破天荒ぶりはテミストクレスも遠く及ばないほどであった。並ぶ者のない容貌の美しさと才知を誇り、野望と野心に燃えていたこの人物は、テミストクレスがペルシア戦争の英雄となったように、ペロポネソス戦争のさなかに全アテナイ人の輿望《よぼう》を担って政治・軍事の表舞台に登場する。スパルタ陣営とアテナイ陣営とが対峙したこの戦争は前四三一年に始まり、当初ペリクレスの指導のもとに賢明な方針を維持していたが、彼が疫病に倒れたのちも長くつづき、アテナイ側に焦りが見え始める。前四一五年、すでにいくつかの手柄を立てて人気の絶頂にあったアルキビアデスは、敵側の物資供給源である、はるか西方のシケリア(シチリア)島を抑えようとする無謀な積極策を立て、強引に作戦を実行に移す。それは彼のつまずきと転落の始まりでもあった。出撃の直前、奇妙な瀆神事件を引き起こした彼は、不穏な空気の中でシケリアに向かうが、途中で死刑判決が下されたことを知るや、逃亡を企てる。しかも、ちょうどテミストクレスがペルシアに身を寄せたように、自分をスパルタに売り込み、敵国のために大いに働くことを約束して歓迎される。事実、彼は、自らの立案したシケリア遠征軍を殲滅すべしと敵側に扇動し、結局前四一三年夏にアテナイ軍は、彼の言葉通りに全滅してしまう。また、アテナイの弱みを衝いた作戦をいくつも成功させ、戦局は一気にスパルタ側優勢に傾くことになる。

しかし、その間に王妃と通じてひそかに子供をもうけることまでしたために、それを察知したスパルタ王アギスの敵意を買い、また相次ぐ勲功で有力者たちの妬みをも買っていたアルキビアデスは、小アジアでイオニア諸国をアテナイから離反させる工作の最中に身の危険を感じて、今度はペルシアの地方総督ティッサペルネスのもとに駆け込む。当時の国家間の力関係を鋭敏に嗅ぎ分けながらきわどい仕方で渡り歩くさまは、テミストクレスと瓜二つである。ティッサペルネスは大のギリシア人嫌いで有名だったにもかかわらず、アルキビアデスの弁舌と底知れぬ魅力にたぶらかされてしまい、プルタルコスによれば「彼の口の巧さには完全に参ってしまい、逆に自分のほうからアルキビアデスに取り入るありさまだった」とのことである。このあたりもテミストクレスの生まれ変わりのようではないか。

もっとも、アルキビアデスの本領は、むしろその後にこそ発揮されるのである。彼はその間もギリシア情勢に注意を向けることを怠らず、スパルタ側とアテナイ側双方と連絡を図りながら、自らの勢力回復の機会をねらいつづける。そして、そのころサモス島に集結していたアテナイ艦隊にペルシア大王を味方につけられそうだという、ありもしない話を通報して取り入る(前四一二年頃)。その余波でアテナイに起こった政変もからんで、アルキビアデスは死刑判決を取り消されたのみか、全艦隊の将軍に推戴される。彼の指揮ぶりはさすがに見事で、その後数次の海戦で、スパルタ勢をことごとく打ち破っている。アテナイに凱旋したアルキビアデスは、民衆の歓呼に迎えられる。その後もさらに連戦連勝を重ねるが、彼が不在の折に部下の犯した失態を反対派に追及され、たちまち将軍職を剝奪される。彼自身の持ち前の不品行や奢りも災いしたにちがいないが、そもそも彼の立場が不安定のきわみを揺れ動いていたのである。もっとも、もしペロポネソス戦争末期のアテナイを救いうる人物がいたとしたら、彼をおいて他になかったことも明らかだった。多くのアテナイ市民はその後も彼が没するまで空しい期待を寄せつづけたのだった。

トラキア地方に赴いたアルキビアデスは傭兵を組織して独自の戦いをつづけるが、彼を失ったアテナイ軍は勝利から見放され、前四〇四年には大艦隊のほぼすべてを殲滅される。そしてアテナイは無条件降伏に追い込まれ、およそ三〇年つづいたペロポネソス戦争は終わる。行き場を失ったアルキビアデスは、ふたたびペルシア王のもとに身を寄せようと画策し、プリュギア地方を支配するペルシアの有力な将軍パルナバゾスの庇護を受けることに成功する。しかし、彼の存在を危険視するスパルタから暗殺指令が将軍のもとに送られると、彼はこの稀代の策士を見殺しにすることに決める。アルキビアデスは芸妓のティマンドラと同衾していたところを刺客団に襲われて最期を遂げる。彼に言わせれば、自分はペルシアを頼ったとはいえ、テミストクレスのように敵に身を売ったわけではないという危なっかしい自意識は失うことがなかったのだが、しかしサラミスの英雄のように死後もペルシア人から尊敬を受け、子々孫々まで厚遇を与えられるということはなく、誰からも見放され、ただティマンドラによって厚く葬られただけだった。

＊

このように国を追われて各地をさすらった人たちは古来数えきれぬほど多いが、彼ら古典期のギリシア人とヘレニズム期を生きたシノペのディオゲネスとでは、個人と「国(ポリス)」との紐帯の意識に強弱の差があることは明らかであろう。テミストクレスやアルキビアデスのようにレアルポリティーク(現実政治)に生涯を賭けた人たちにしても、その軌跡の中心にアテナイというポリスの存在があり、流浪や反逆の間にもそれが彼らの意識からぬぐい去られることはありえなかった。彼らには共通して、いわば顚倒したかたちでの国家中心主義が根強い。その点では、のちにギリシア・オリエントを征服したアレクサンドロス大王も、巨大な版図を拡張しつづけたローマ帝国の支配者たちも同様で、(少なくとも「支配者」の限りにおいては)国家を突き抜けようとする意識は兆しようもなかった。なるほどアレクサンドロスがバグダッドで敢行したペルシア風俗の摂取やペルシア人との婚姻の推奨は、当時のギリシアにあっては破天荒なものであったかもしれないが、しょせんは勝者による過激な同化政策の域を出るものではなかったと言わなければなるまい。

しかし、ヘレニズムの時代に移り強大な帝国が出現すると、その支配下に置かれた人びとにとって、国家との関わりは大きく変わる。アレクサンドロスとマケドニアによる東地中海周辺全域の支配は、ただちに従来のポリス制度を空無化したわけではなかったにせよ、「ポリス的人間」という古典期の理念が急速に実質性を失っていったことは否めなかった。その変動は、とりわけ知識階層に大きな影響を及ぼし、実際にはそれ以前から胎動していたいくつかの思想動向を表面化させる契機となった。ストア派やエピクロス派はまさにこの時代の変化の中で生まれた、新たな哲学思想の担い手であったし、その趨勢は、すでに彼らに先立って、アンティステネス(前四五五頃―三六〇年頃)やアリスティッポス(前四三五頃―三五〇年頃)など、ソクラテスに学び、彼の思想の特異な一面をそれぞれに継承した「小ソクラテス派」の人たちの間にも認められる。こうした人たちが(ストアのゼノンやエピクロスもそうだが)いずれも正系のアテナイ市民ではなく、庶子であったり遠隔地の出身者であったことは注意されるべきかもしれない。彼らの置かれた環境は、おのずから時代の動向を鋭敏に察知し、それを先取りすることを促すような条件をはらんでいたのであろう。

「コスモポリーテース(コスモポリタン)」を造語したとされるシノペのディオゲネスがアンティステネスに学んだことは、先に触れたとおりである。もう一度、彼の場合に立ち戻ってみよう。彼の「コスモポリーテース宣言」の背後にある種の自然法思想を読み取る解釈も古くからあるが(『ギリシア哲学者列伝』第六巻七二節)、それはむしろ後代のストア派思想が浸透したアナクロニズム的推測ではないかとも思われる。より直接的には、むしろヘレニズム初期に共通の思潮の中で理解するべきであろう。

故郷を喪失してさすらっていたディオゲネスがアンティステネスに共感したのは苦行と簡素な生のあり方であった。それを支える考え方はこうである。「幸福になるには、徳だけがあれば足りるのであり、ソクラテス的な強さ以外には何も必要としない。……賢者は自足(アウタルケイア)している者である」。そして「賢者はポリス的な生活を送るのに既存の法に従うのではなく、徳の法に従うであろう」とも考えている(『ギリシア哲学者列伝』第六巻一一節)。これらは一連の議論であり、明らかにそこにはポリスから自立した生への志向がうかがわれる。それは古典期にはありえなかったものである。強固なポリス制度の中で生きていた人びとは、実生活においても多くの場面で具体的にポリスの規制のもとに置かれるとともに、それによって各自の生が配置されることで、はじめて豊かな意味づけを得ていたのである。アリストテレスが「倫理学」と「政治学」を一連のものとし、前者は後者への依存関係においてのみ、あるいはその一部としてのみ成立するものであると語っているのは、きわめて適切な理念的総括であった。幸福はポリス的生において実現される。しかし、いまやポリスがそうした生の完結性をもたらす場ではなくなった。ヘレニズムを生きるためには、彼らは別の生のかたちを求めなければならなかった。「自足せる賢者」の理想は、まさにそれに取って代わるべきものであった。ディオゲネスの狂気じみた身体の鍛錬や貧窮生活はその実現の方途にほかならない。彼はそれを神の完全性になぞらえている。「神々はすべてのものを所有している。しかるに、賢者は神々と近しいものであり、近しい者の所有はすべての者に共通である。したがって、賢者はすべてのものを所有している」(『ギリシア哲学者列伝』第六巻三七節)。

ディオゲネスの世界は、人間関係とそれらの総体としてのポリス的有機体を一挙に捨象して、個と神ないしその具現化としての宇宙全体とを直結することで成立している。彼にまつわる無数のエピソードは、いずれも世間的な風習や通念の虚飾と虚構を率直に明るみに出してみせることで、端的に人間的諸関係のすべてを否定し去るものである。そのとき彼は、裸の彼自身に収斂するか、すべてを超え出た至高の存在との一体化することで、すなわち乞食＝神としてこの世界に自存する。――あるとき彼が「おおい、人間たちよ」と叫んだので、人びとが集まってくると、彼は杖を振り上げて彼らを追い払い、こう言った、「わしが呼んだのは人間たちだ。有象無象ではないぞ」（『ギリシア哲学者列伝』第六巻三二節）。

とすれば、ディオゲネス的コスモポリタニズムとは、おそらく文字どおりにコスモス（全宇宙）に住まう民の意識、言い換えればいかなる国家、いかなる制度の制約をも拒否して宇宙のただ中に孤立した人間の意識を意味するものと解するべきであろう。あるいは、ことによると、単にマクロコスモスとしての宇宙の内なる存在として人間を位置づけたのみならず、われわれ各個がそのままミクロコスモスとして宇宙を体現したものとして、完結した独立自存的あり方を表明しているのかもしれない。ディオゲネスの激しい心身の鍛練や徹底したアウタルケイアへの追究姿勢は、むしろ後者を目指しているのではないか。いずれにせよ、この語の一般的ないし近代的概念としての「国家的制約を越えた地球的視野のもとに、全人類を平等の同胞と見なす」立場とは、むしろ対極にある内実がそこには込められていると言わねばならないであろう。

こうした意識としてのコスモポリタニズムは、ディオゲネスにおいてとりわけ鮮明にされているとはいえ、むしろこの時代を通底する大きな思潮でもあった。たとえばストアのゼノンやエピクロスにしても、アテナイ哲学の洗礼を受けたのちも、前者はヘラクレイトスのロゴス思想を、後者はデモクリトスのアトミズム(古代原子論)を、それぞれの哲学の基盤としていた。すなわち、ヘレニズム期に盛行した主要な学派は、ともに宇宙の成り立ちへの考察を基盤として、人間の生のあり方を見つめた点において、むしろ初期ギリシア哲学の自然学的伝統に立ち返っているのである。明らかに、宇宙的転変への洞察のスケールは矮小化され、その内なる人間の生との緊張関係は希薄化されてはいるが、両者の運命的一体性は少しも失われていず、「宇宙的理法によって生きる」はヘレニズムに共通の理想であった。他方、彼らの思想からは「政治哲学」が完全に欠落させられているに等しい。エピクロスは「庭園」の哲学者であったし、ゼノンの『国家論』とされているものの実質はプラトン的ポリスに対する否定論である。

＊

もっとも、はるか後にネロやドミティアヌスらの暴君時代のローマに奴隷として売られ、苦難の生涯の中で忍従と不動心の哲学を説いたエピクテトス(後五五頃—一三五年)は、ディオゲネスの生き方と哲学に共鳴しつつ、そこに「世界市民(コスモポリタン)」的思想の萌芽を見いだしているようにも見える。

「哲人皇帝」マルクス・アウレリウスに対して「奴隷哲人」エピクテトスと併称されるように、彼は小アジアのプリュギア地方にあるヒエラポリスに奴隷の子として生まれ、おそらくはいまだ少年の頃にローマに売られたようである。長年そこで暮らした後(その間に解放奴隷の身となった)、ドミティアヌス帝の哲学者追放令により、ギリシア北西部エペイロス地方のニコポリスに移って、その地で残る生涯を送った。ローマでの主人エパプロディトスはもと奴隷の身ながら解放されて皇帝ネロに仕えたが、彼の没後に惨殺された。卑劣さと悪辣さと狡猾さのかたまりのような人物で、エピクテトスとの愛憎に満ちた主従関係は、ほとんど陰惨のきわみだった。ただし、それらすべては彼自身の言行を弟子のアリアノスが記録した『談話集(ディアトリーバイ)』や『要録(エンケイリディオン)』に語られていることがらの端々からうかがい知られるだけである。むしろ「奴隷エピクテトスとしてわれは生まれ、跛行の身にして/貧しさはイロスさながらなれど、神々に愛されたり」という自作の二行詩が、彼についての最も正確な情報源だと言うべきかもしれない(イロスは『オデュッセイア』に登場するイタケ島の貧者)。彼は早くからアンティステネスやディオゲネスのキュニコス(犬儒)派の哲学に親しんだようで、後にムソニウス・ルフスから本格的にストア哲学を学んでいるが、『談話集』にもむしろキュニコス派の直接的影響が(そしてその背後には理想的哲学者としてのソクラテスの姿が)色濃く写し出されている。みずからに負わされた運命をひたすら受け入れることで耐え抜いた生涯の中で、共感するものの多かったのは当然のことであろう。

ディオゲネスについてのコスモポリタニズム解釈をうかがわせるとされるのは、たとえば次のような一節である。

ディオゲネスはあれほどにも穏和で、人に友好的(ピラントローポス)であり、人間の公共のためにあれほどにも大きな苦痛と身体的な労苦によろこんで耐えた人だったというのに、いかなる人をも愛さなかったと言うのかね。もっとも、愛していたとすれば、どんな風にだったのか。むろんそれは、ゼウスに仕える者がなすべきような仕方であったのだ。つまり、人のことを気遣いながらも、しかしかの神に仕えることをおろそかにすることのないようにしてのことである。だからこそ、彼一人にとっては、大地のすべてが例外なく祖国であったのであり、どこかある土地が選び取られるべきではなかったのである。

(『談話集』第三巻第二四章六四―六六節)

しかし、この言葉の意味するところは微妙である。第一に、これがディオゲネスの思想についての「解釈」なのか、あるいはむしろ彼に仮託してエピクテトス自身を語っているのではないか。「穏和」で「人に友好的」なディオゲネスとは、まさに彼自身に他ならないのではあるまいか。そして、より直接的な問題は、ここに語られている事柄が(ときにそう解釈されるように)コスモポリタニズムを示唆しているのかということにある。事実は、むしろ反対に人間関係の広がりにネガティヴな意味しか認めない立場を語っているようにも思われるからである。

この言葉のコンテクストを見直してみよう。それ以前からの論点は、他者に対する情愛と正しい生き方を貫くこととの関係にあり、直前ではソクラテスを例に挙げながら、人間関係のしがらみのために、あるべき生き方を枉《ま》げてはならないことが説かれている。とすれば、それにつづくこの個所の趣旨は、ディオゲネスもまたみずからの生の原則を貫徹した（すなわち「ゼウスに仕えた」）ことを第一義としたのであり、そうしつつも周囲の人間との関係もけっして黙視したり否定したりはしなかった、あるいは人間関係を維持しつつも彼の本来の生き方を貫いたのだ、ということにあろう。「ゼウスに仕える」ためには、しょせん世間的な人間関係は最優先事とはなりえない。だからこそ、ディオゲネスは特定の土地での、特定の人間関係に縛られることなく、「大地のすべてが例外なく祖国であったのであり、どこかある土地が選び取られるべきではなかったのである」。

ここでさらに注意しておきたいのは、「ピラントローポス」（あるいはその名詞形「ピラントローピアー（人間愛）」）という用語についてである。近代におけるこの語の用法（たとえば英語化された philanthropic/philanthropy）では「博愛」のニュアンスが強いから、そこからの類推で普遍的な人間愛（人類愛）の意味を読み込みがちである。先のエピクテトスの言葉にコスモポリタニズムを嗅ぎつけようとするのも、この語に引き寄せられることが理由の一端となっている。しかし、本来のギリシア語の限りでは、そうしたニュアンスは希薄であり、もともとの意味としては「例えば客もてなしのよさと思いやりとを含んだ、他人に対する好意ある態度」（B・スネル『精神の発見』新井靖一訳、四五〇頁）のような具体的感覚、すなわち周囲の人間に対する好意感情ややさしさを表わしている。まさに「ミザントローポス（人間嫌い）」と対になった、その反意語であると考えていい。むろんその用法の延長上で、(これも同個所でのスネルの指摘を引くならば)たとえばクセノポンはスパルタのアゲシラオス王について、彼は力では落とせなかった都市を「ピラントローピアー」によって獲得したと記し(『アゲシラオス』第一巻二二節)、また彼が参加したペルシアの反乱にさいしてキュロスは兵士たちに向かって、征服した都市の財物を強奪することは構わないが、しかし何がしかのものを被征服民に残してやるのは「諸君のピラントローピアーのしからしむるところであろう」と語ったと述べている(『キュロスの教育』第七巻第五章七三節)。ここでは、クセノポンは、彼が尊敬する他国の王たちの(単なる好意感情を越えた)仁愛的人道精神を賞賛しているものと解することができよう。こうした一般的用例も少なくはないが、しかしそれはなお普遍的な博愛や人類愛の精神からは遠いものにとどまっていよう。

ちなみに「アントローピスモス(人間性)」という語がアリスティッポス(ディオゲネスの師アンティステネスとともにソクラテスの弟子の一人)によって用いられていて(『ギリシア哲学者列伝』第二巻七〇節)、「ピラントローピアー」とともにローマ的な humanitas の源流をなしているが、そこに考えられている「人間性」理念の骨格は文化的教養を身につけることにあり、やはり普遍的な人間一般へのまなざしは含まれていない。そもそも古代的な humanitas 概念が近代的な意味での人間尊重の精神とはほとんど無関係で、もっぱらローマ人の間でギリシア的教養の豊かさを意味するものだったのである。

＊

ここで、先に見たエピクテトスの語録の一節にもう一度立ち返りたい。彼の言によれば、ディオゲネスは彼自身の生き方を貫いたからこそ、いかなる地にあろうともそこを「例外なく祖国とする」ことができたのだった。とすれば、彼の「コスモポリーテース」の精神は放浪の生を送ったことによってよりも、むしろ自らの生き方を貫徹したことによって支えられていると考えるべきではないのか。言うまでもなく、われわれはすべて、個々の限られた生の特殊を生きるほかない。その絶対的な限定性に比せば、生国において営まれる生も、異郷にあって送られる生も、ほとんど些細な条件の違いを課すものでしかないと言うことさえ許されるであろう。異国人ディオゲネスには国政に携わる機会がありえないことについて、エピクテトスはこう述べている。

とんでもない、彼が携わっている国家以上にさらに大規模な国家を求めようと言うのかね。それともどうだろうか、アテナイ人たちにも等しく、コリントス人らにも等しく、ローマ人らにも等しく、つまり全人類に対して、しかも財源や歳入や戦争と平和の問題ごときではなく、むしろ幸福と不幸、幸運と不運、隷従と自由といった事柄を問題として対話を行うべき人が、アテナイにまでやってきて、そこで収入だの財源だののことに口出ししていればいいのだろうか。あれほどにも大きな国家のことに携わっている人に対して、国政に携わるべきかなどと訊ねようというのかね。

（『談話集』第三巻第二二章八三―八五節）

この点で、キュニコス派もエピクテトスもともに究極の模範としてソクラテス（前四七〇―三九九年）の生を仰いだことは示唆的である。彼がいかなる生活苦をもやすやすとやり過ごし、いかなる事態に直面しても（不当な判決による死罪に対してさえ）平静さと快活さを失うことなく身を処していく態度、そしてつねに「よく生きる」ことのみを心がけて哲学的対話をつづける生き方こそ、彼らの理想であった。

そのソクラテスは、同時に、万やむを得ないときのほかは、およそアテナイを離れたことのない人であったと言われている。事実、ペロポネソス戦争およびその前哨戦の間に、北ギリシアのポテイダイア、アンピポリス、そしてボイオティアのデリオンの三個所に出征・従軍したほかは「ただ一度のイストモス行を除けば、いまだ祭礼のために国外へ出かけたこともなく……ほかの人たちがするような外国訪問もしたことがない。……むしろわたしたち［アテナイの法］とわたしたちの国家があればそれで十分だったのだ」（プラトン『クリトン』52B–C）。いや、アテナイの人びととの交わりを愛したソクラテスは、仲間の若者の一人があきれて言うように、「あなたはアテナイの町から出ない。国境の外へ旅をすることもなさらないし、この様子では、どうやら城壁から外へ出ることさえ全然なさらないようですね」（『パイドロス』230D）。

異郷を生きたディオゲネスやエピクテトスとアテナイを離れようとしなかったソクラテスとで

は、一見したところ、まったき対照をなしているように思われよう。しかし、各個に課された外的条件のすべてをあるがままに受け入れ、それに従って(あるいは、それに左右されることなく)自らの生を営んでいく仕方においては、両者はむしろ共通してもいるのである。自分自身と自らの生の選択のほかは、それらを取り囲むあらゆる制約的条件はすべて「外なるもの」である。ソクラテスにとっても重要だったのは、ただ一つ、いかなる場合においても「自分でよく考えてみて、結論として、これが最上だとあきらかになったものでなければ、自分のうちの他のいかなるものにも従わない」とする根本原則だった(『クリトン』46B)。それはむろんエピクテトスの言う「ゼウスに仕える」ことと一つであった。ソクラテスの凄味は、いかにも淡々と日常の生を送りつつ、終生その原則の遵守をなし通したことである。

とはいえ、ソクラテスはそこにコスモポリーテースへの方途を見ようとすることはなかった。もしも彼がそうしたものを志向することがありえたとしたら、(これは、キュニコス派には受け継がれなかった側面であろうが)その糸口はむしろ常にアテナイのどこか片隅で倦むことなくつづけていた若者たちとの対話の中に求められていたのではないだろうか。対話を通じての合意形成、あるいはその可能性を目指した吟味論駁こそ、究極において、真の意味であらゆる人びとを一つの共通のロゴスの場へといざない、一つに結びつける可能性を、きわめてひそやかにではあれ、秘めていたはずである。のちのちに至るまで、ソクラテスの影響は大きな地下水脈のような強力さを持ちつづけていく。ローマ時代におけるコスモポリタニズムの萌芽的思想にも、それは及んでいる(この点については、國方栄二「コスモポリタニズムの起源」、『西洋古典学研究』五七号、二〇〇九年、六五頁以下を参照されたい)。その根本にあるのは、彼の人間的生への洞察の深さにほかなるまい。むろん、そのはるかな道のりは、世界の果てを往還する以上の旅程をはらんでいることもたしかではあるが。

引用ないし言及した書目の邦訳を挙げておく。ただし、文中の訳文は筆者によるものも多く、また既訳を参照した場合にも、文脈などの都合により適宜改変されている。

エピクテトス(アリアノス)『談話集』長坂公一訳、筑摩書房『世界文学大系(六三)/ギリシア思想家集』一九六五年。エピクテートス『人生談義』(上・下)鹿野治助訳、岩波文庫、一九五八年。

クセノポン『キュロスの教育』松本仁助訳、京都大学学術出版会、二〇〇四年。

ディオゲネス・ラエルティオス『ギリシア哲学者列伝』(上・中・下)加来彰俊訳、岩波文庫、一九八四―九四年。

プラトン『パイドロス』藤沢令夫訳、岩波文庫、一九六七年。『ソークラテースの弁明・クリトーン・パイドーン』田中美知太郎、池田美恵訳、新潮文庫、一九六八年。

プルタルコス『英雄伝』(上・中・下)村川堅太郎編、ちくま文庫、一九八七年=ちくま学芸文庫、一九九六年[「テミストクレス」(馬場恵二訳)、「アルキビアデス」(安藤弘訳)は、ともに上巻所収]

B・スネル『精神の発見――ギリシア人におけるヨーロッパ的思考の発生に関する研究』新井靖一訳、創文社、一九七四年。

III

言葉と宇宙

宇宙誌の文体
――初期ギリシア哲学における言語と世界

初期ギリシア哲学者たちの多くは、それぞれに「自然について」の著作を残した。むろん、いずれも後代におけるごくわずかな引用断片しか伝えられていないが、それらはしばしば比類のない力をもった言葉としてわれわれを惹きつけ、われわれの思考を揺さぶる。おそらくは、文脈を失った「断片」というかたちがそれ自体として一つの触発力をもったスタイルを創出しているにちがいない。引用は、それにふさわしい鮮烈な表現のみを截り出して伝えているからには、おのずから強力な凝集性を纏うことになる。たとえば、アナクシマンドロスによる最古の哲学的著作からの一断片が喚起する世界像は、ほとんど一著作全体が展開してみせるものに匹敵する豊かさを示しているのではないか。それは、おそらくテオプラストスの強引な「誤読」に起因して、錯綜する後代解釈の中で、文脈を欠いた断片ゆえに、いっそう増幅された刺激を限りなく与えてきた。

「存在する諸事物にとってそこから生成がなされる源、その当のものへと、消滅もまた必然に従ってなされる。なぜなら、それらの諸事物は、交互に時の定めに従って、不正に対する罰を受け、償いをするからである」(断片一)。

この短い一節のうちに、実は、どれだけの「アナクシマンドロスの言葉」が含み込まれているのかについても、いまだ確たる判定が下されないままである。そうした不安定なテクストの揺ぎの中から、確実を期せばおそらくわずか数語にとどまる「原文」を析出してみるとき、そこには(後述するように)けっして晦渋な事柄が表明されているわけではないと思われるにもかかわらず、これまで幾重もの深遠な解釈を誘いかけてきた触発力の一部が、かえってその断片性からきていることは否めないであろう。

しかし、もとより初期哲学断片の言語的魅力はそれにとどまるものではない。興味深いことに思われるのは、最初の哲学的著作家アナクシマンドロスの文体についてテオプラストスが注意を喚起して以来、後代の引用者たちは、主要な初期哲学者たちに言及するとき、彼らの著作のもつ独特の個性について、繰り返し毀誉褒貶こもごもの評言を付していることである(本稿でもその若干に順次触れていく)。彼らの著作は、思想的内容において注目されつづけただけではなく、表現のスタイルにおいても強い関心を引き寄せていたことが分かる。以下、主要な初期哲学者たちの断片と後代の証言とを付き合わせながら、そこに窺われる表現上の特異性を浮かび上がらせるとともに、さらに、それらを通底する彼ら独自の思想的内実と文体との緊密な一体性を明らかにしたい。

1

事実、初期哲学者たちは、それぞれに思想の独自性を主張するとともに、独自のスタイルと新たな表現にもすぐれて意識的な苦心を払っている。たとえ小断片であったとしても、それらの多くに明瞭な個性が刻みつけられていることには驚かされざるを得ないだろう。さしあたり、上に引いたアナクシマンドロスを引き続き取り上げてみれば、彼が最古の哲学的著作を散文体で著わしたこと自体が、少なくとも今日知られるかぎり、全く新たな試みであった。もっとも、その新しさに詩的伝統からの乖離だけを見るべきではあるまい。散文体自体は、彼と相前後して、シュロスのペレキュデスやアクゥシラオスのような神話著作家たちにも採用されていることから見ても、必ずしも「哲学」の成立を画するものではありえない。他方、さきのアナクシマンドロス断片の引用につづけて、テオプラストスが「このように、やや詩的な言葉づかいによってそのことを語っている」と評言していることにも、注意をはらっておく必要があろう[1]。「このように」と指示された「詩的な言葉づかい」とは、明らかに、断片一の末尾の譬喩的表現と思われる要素を指したものであろう。したがって、少なくとも、「(それらの諸事物は)交互に時の定めに従って、不正に対する罰を受け、償いをする」は、たしかにアナクシマンドロスからの引用と見なすことができると同時に、これが論理的骨格を基本とするペリパトス派の「哲学」的記述方式にはおよそなじまないものであったことは、明瞭である。

他方、正義の女神ディケーによる不正の矯正というモチーフは詩人ヘシオドス（特に『仕事と日』）を一貫するキー・ノートであった。さらにアナクシマンドロスにやや先行する時代のソロンには、

彼らはディケーの厳かな掟をうやまわない。

しかしこの神は、何も言わなくても、いまの所業も、以前の行いも、ちゃんと知っていて
やがて（時とともに）、どのみち、その償いをさせるためにやってくる。（断片四 Bergk）

などの詩行があり、そこには、さきの断片とほぼ並行した仕方で「時」と「正義」「償い」との関連を見いだすことができる。アナクシマンドロスの「譬喩」的語り口がむしろ古来の「詩的な言葉づかい」によっていることは明らかであろう。とはいえ、その内実は大きく変容されていることにも注意しなければなるまい。このわずかな語句においても、詩的言語を共有しつつそのありようを越え出た独自のスタイルと、それに見合った新たな思想のあり方を容易に見てとることができるであろう。

彼が「（それらの諸事物は）交互に時の定めに従って、不正に対する罰を受け、償いをする」と語ったとき、ゼウスや女神ディケーの裁きという神話的伝統を継承しながらも、けっして自然的世界の変化過程を神義論で囲い込んだり、社会的正義に類同化させたりしているわけではない。

むしろここでは、裁き手が神々から「時間」そのものへと変えられていることで、自然の営みが一定の法則に従った規則性を有していることが、ほとんど文字通りに、そして平明かつ鮮明に述べられていると言ってもいい。詩的・神話的譬喩からの変容は、すでにアナクシマンドロスにも明瞭に見てとられるだろう。「正義」*δίκη* とは本来あるべき道・あり方のことであり、「不正」*ἀδικία* とはそれからの逸脱のことであるとすれば、後代におけるような倫理道徳的な意味での正・不正はかえって原義からの一種の転用ですらあることに注意するべきでもある。

伝えられたわずかな語句においても、アナクシマンドロスの繰り出す譬喩は、生彩あるイマジネーションに溢れている。彼の構想する諸天体は「車輪」のかたちをしているとされる(12A21 DK、アエティオスなど)。しかし、それは譬喩として単に形態の類似を意味するのではなく、同時に天体の構造と回転運動を「説明・記述」しているのである。たとえば太陽は、巨大な車輪として回転しつつ、中央の轂《こしき》部分の窪みから火を吹き出し(これがわれわれの目に見える太陽である)、車輪の輻《や》に対応する仕方であらゆる方向に光を放射するのである。しかし他方で、「車輪」のイメージは、太陽神ないしアポロンが光輝く馬車を御して天翔る神話的な太陽の形象を踏まえているはずであり、そこには古来の伝統と折合いをつけながら、新たな世界解釈を提出しようとする初期哲学者の発想を典型的に見いだすことができよう。最初に発生した生物をウニのような棘皮動物になぞらえるときにも(12A30 DK、アエティオスなど)、ホメロスやヘシオドスによれば「土と水からなる」存在を、すぐれた譬喩を通じて具体的に描き出すと同時に、その生き物の生存システムをも明らかにしている。彼は「自然について」の著作構成を確定した(アルケーの想定と天地の形成に始まり、生物と人間の発生、生理学的メカニズム、感覚論、さらに国家社会の形成、世界の地政学的現況へと叙述を進めていく方式とプログラムは、彼において枠づけされた)だけでなく、独自の記述スタイルをも確定して、それをつづく世代に引き渡しているのである。

2

ここで手短に付け加えておけば、特にクセノパネスやヘラクレイトスにはっきりと見られるように、初期哲学者たちが古来の詩人たちに根本的な批判を加えていることは、周知の事実であろう。しかし、彼らの詩人批判は詩的表現形態や詩人の「英知」のありようそのものへの批判ではなく、そこに語られている内容の逐一に対する思想批判である。ヘラクレイトスがヘシオドスとピュタゴラスを、クセノパネスとヘカタイオスを羅列的に名指ししながら、おしなべて非難しているように(断片四〇)[2]、詩人と哲学思想家、詩人と散文著作家とを画然と峻別することは、彼らはしていない。この点で、彼らの詩人批判は、プラトンやアリストテレスなどによる認識原理にもとづいた全否定とは、基本的に異なっている。

アナクシマンドロスにおいて見たように、譬喩の触発力によりながら事実を「記述」するのは、ほぼすべての(おそらくはエレア派を例外として)初期哲学者に共通した特徴である。その点では、彼らは詩人たちの言語的遺産の継承者であった。同時に、しかし、彼らが用いている譬喩のありようは、ホメロスやヘシオドスに対比するとき、明確な独自性を獲得している。すなわち、すでにB・スネルがエンペドクレスについて的確に述べているように、「エンペドクレスは……(叙事詩人たちのように)ある特定の瞬間に現われる事柄を問題にしない。彼の行なっている比較はすべて、物理学的な(あるいは化学的な)過程を具体的に説明することを目指している。それゆえ、その比較は永続的な事柄に関係しているのである」(3)。このスネルの指摘を論旨の糸口とするために、ひとまずエンペドクレスに注意を移したい。初期哲学者の中でもとりわけ詩的技法にすぐれた、この詩人哲学者(キケロやハリカルナッソスのディオニュシオスらが最大の賛辞を呈している。31A25–26 DK参照)は、なるほどそうした譬喩の使用においても、抜きんでて巧みな詩句を連ねている。たとえば、目による視角のメカニズムを語るとき(けっしてこれが詩としてすぐれたパッセージというわけではなく、当面の論点にとって簡明な例証であるにすぎないが)、彼はそれを薄く延ばして透明度をもたせた角《つの》製の板を張りあわせて覆いにしたランプになぞらえている。

あたかも、人は嵐の夜をおかして外に出かけようと思うと
ランプを用意し、燃える火の明かりをつけてともす——
どんな風でも防げるように、角板《つのいた》をしっかりとはめこんで。
それは吹きつける風の息吹を払い散らすけれども、
光はいっそう微細であるだけに、板を通して外につきぬけ

疲れを知らぬ光線によって、閾を越えて輝く。
ちょうどそれと同じように、かのとき原初の火は皮膜の中に守られて
薄い布地にくるまれるごとく、まるい目の乙女(瞳)の陰に潜み隠れたが、
その膜にはいくつもの精妙な孔があけられ通されてあった。
それらは瞳のまわりにたゆたう深い水を蔽いさえぎったけれども
しかし火はいっそう微細であるだけに、そこを通り抜けた。(断片八四)

一行目と七行目に見られる連関詞「あたかも……ちょうどそれと同じように……」(ὡς δ᾽ ὅτε… ὣς δὲ…)による呼応は、叙事詩から借用した定型表現で、この場合のように、何行にもわたる譬喩的詩句の展開も叙事詩の伝統に即したものである。ホメロスに無数に見いだされる用例のうち、ここでは当面必要な比較の便宜上、スネルも引いている手短な詩句を挙げるとすれば、

あたかも無花果の樹液が、純白の乳液をたちまち凝固させ、掻き回すうちに見る見る固まってゆく、
そのように素早く、アポロンはアレスの傷を癒した。(『イリアス』第五歌九〇二―五行)

あたかも陶工が腰を下ろして両の手にぴたりと合った轆轤《ろくろ》を抱え、

廻るかどうかを試すときのように、そのように彼らは輪舞した。

（『イリアス』第一八歌六〇〇―一行）

などがそれである。これらに限ったことではなく、ホメロスにおいては、およそ例外なしというほどに、(4)譬喩は当の場面の情況や行為を的確に「描写」するものとして機能している。しかし、たとえば第二の用例において、轆轤の廻るさまは若者たちの踊るさまをヴィヴィドに彷彿させはするが、轆轤の回転は踊りに対していかなる因果的関与もしていない。この譬喩はその場の動作に最もふさわしい、しかしその場かぎりで適用された鮮明な「描写」なのであって、事実の連鎖においては、若者たちの踊りと轆轤の回転とは、まるで無関係である。それに対して、エンペドクレスの場合には、譬喩はそのまま事実の記述ないし説明として機能している。断片八四における角板をはめ込まれたランプの譬喩が、そのまま目と視覚のメカニズムを説明する恰好のモデルを提示していることは、容易に見てとれよう。スネルによれば、エンペドクレスはここで、われわれがカメラの構造と目とを対比させるのと同じ方式の説明をしているのである。

『イリアス』第五歌の用例の「あたかも無花果の樹液が、純白の乳液をたちまち凝固させせ」は、まったく同じ表現をエンペドクレスは、「ピリアー（愛）」の結合力の譬喩として援用しているが（断片三三）、(5)その力は文字通りに樹液や膠《にかわ》の凝結作用として具体的に発現し、それらと同じ仕方で諸事物を「寄せ集め、合体させ、つながりあわせる」ものである。こうした用例においても、あるいはわれわれの呼吸作用をクレプシュドラー（ピペットの要領で水を吸い上げる器具）の仕組みになぞらえる場合（断片一〇〇）においても、彼の譬喩はほとんど反復検証可能な物理実験あるいは構造模型としての役割を達成している、ということさえできよう。

もっとも、他方でそれらはいまだ「ロジック」をなしてはいない。その点で、たとえばアリストテレスは「『海は大地の汗である』と語ることで、それによって、エンペドクレスのように何か知恵あることを述べたと思う者がいたとしたら、それもまた同様におかしなことである。そうした言葉は、詩としてはおそらく満足の行く表現かもしれないが（譬喩は詩にふさわしいから）、自然を認識するには十分なものではない」（『気象論』第二巻第三章 357a26 ff.）と批判している。それも当然かもしれない。しかし、そこに見てとらなければならないのは、むしろロジックを目指すものではない方向での、一個独自の哲学的言語の可能性ではなかったか。「海は大地の汗である」は、けっして単に気の利いたレトリックではない。世界を有機体的な統一体として捉えようとしたエンペドクレスにとって、それは文字通りに宇宙規模で生起した「生理的」事象についての直接的命名であり、正確な「記述」だったのである。

彼らの思索のかたちは、しかし、やがてソクラテスの批判に直面して「ロゴスを通じての探究」（『パイドン』100A）へと転じられ、さらに、おそらくはソクラテス＝プラトン的な「ロゴス」の内実が空洞化されつつロジックへと平準化されていく。哲学がそれを基本言語として採用したとき、そのスタイルは一つの理想を達成すると同時に、失ったものもまた些細ではなかったのではないか。そして、その失われたものへの回帰を遠くからかすかに呼びかけるものとしてこそ、初期哲学者たちの断片は限りない魅力でわれわれを引き寄せつづけているように思われる。

3

アナクシマンドロスのスタイルは、イオニア派の哲学者たちの散文的著作に継承されただけではない。エンペドクレスについて見たように、いわゆるイタリア派哲学者たちの叙事詩スタイルのうちにも、表現技法として、あるいはそれを裏打ちする思考のスタイルと内実として、強く浸透しさらなる発展を見せている。前五世紀の南イタリアでは、クセノパネス、パルメニデス、エンペドクレスが相次いで叙事詩形式の哲学詩を著わす。それがアナクシマンドロスやアナクシメネスを経過し、その散文スタイルを意識した上でのものであったことに注意しなければならない。少なくとも、本来「哲学者」や「自然学者」と言うよりも、明確に「詩人」としての自覚をもっていたクセノパネスを別にして、パルメニデス、エンペドクレスの両者があえて哲学詩を試みた理由は、しばしば指摘されるような口誦性(オーラリティ)ということを含めて古来の叙事詩的伝統への単なる立ち返りやその残滓に求めることはできないであろう。彼らの著作もまた、明らかに、この時代に見合った新たな哲学的記述の動向のうちに位置づけられるべきものである。

なるほど、彼らのスタイルは伝統的な叙事詩を強く意識したものである。パルメニデスやエンペドクレスにおいても、ホメロス以来の伝統にそのまま則るように、著作の冒頭に女神を登場させていることも、その顕著な証左である。しかし、その女神たちの変容にも注意しなければなるまい。ホメロスは、二つの叙事詩のいずれにおいても、「歌え、女神よ」と呼びかけて、彼自身はその歌声を「取り次ぐ」位置に立って語り始めるのに対して、エンペドクレスにおいては、ムゥサ(ミューズ)の女神に祈りはするものの、詩そのものは「われ」としての自覚をもった彼自身が、女神の助けを念じつつ語るものとされている[6]。

またパルメニデスにおいては、詩の語り手は女神に仮託され、全体は彼女から「若者」パルメニデスへの語りかけの形式をとっている。そのかぎりでは、より直接的にホメロスやヘシオドスを踏襲しているとはいえ、彼女はもはや語り伝えるミューズの女神ではない。その女神(「真理」の女神であろうか)は一方的に真理を告知するのではなく、「ロゴスとノオスによって判定せよ」と命ずるのであり、実際彼女は事柄を逐一「論証」する。詩の第一部「真理の道」(断片二―断片八・四九)の表現上の「難点」については後に触れるが、とりあえず指摘しておきたいのは、この部分の七七行中に一八個所もの γάρ(なぜならば)が使われていることである。いかにもそれは女神にふさわしい語りようを損なっているのではないか。むろん、そのほかにも πῶς(「いかにして〜」:反語的疑問)とか ἐπεί(「〜なので」)とかによる理由説明も頻出する。ホメロスには、それと対比的に γάρ の使用は(少なくとも、会話部分以外では)、むしろ稀なほどにおさえられているし(任意の個所の同じ七七行で見れば、平均二、三回にとどまるだろう)、その多くは事実を再確認する軽微な γάρ でしかない。むろん、「理由」など説明せずに、川が流れ下るように端的に事実を告げるのが、女神の女神たる語り方である。こうした対比を重ねてみれば、女神の登場という形式的な共通項が、かえって叙事詩と哲学詩との違いを鮮明化させている、と言うことができよう。

初期哲学者たちの叙事詩形式には、むしろ、彼らの主体的な個としての精神の自覚と高揚を含めて、全く新たな意図がそこには込められているものと見なければならない。おそらく叙事詩形式は、彼らにとって、表現の逆行であるよりも、言葉のもつ表現力、知的触発力を最大限に引き出すための跳躍台であり、さきに見たようなアナクシマンドロス以来の独自の思考と表現の様式を効果的に駆使するためのものとして、最も適切な手法だったのである。

もっとも、パルメニデスの詩はけっして巧みだとは言いがたい。古代においてもその点では否定的な評価が繰り返されている(プルタルコス、プロクロスなど。28A16–18 DK参照)。明らかに第一部「真理の道」の論理展開(これはすでに初期哲学者の思考様式そのものを越えようとしているが、それについては当面触れない)をヘクサメトロン(六脚韻)で運ぶのには無理があった。本来明晰をきわめていたはずの彼の論理が原文解釈においてラビュリントスのごとく縺れているのは、そのせいだと言わざるをえない。さきの否定的評価ももっぱらこの部分についてのものである。しかし、序詩にあたる断片一では全体として十分に鮮やかな効果を挙げているし、本来彼の詩のより大きな部分を占めていた第二部「思惑の道」(おそらく五〇〇行以上、すなわち第一部の五倍以上にわたっていたと推定される)におけるコスモロジーの展開(それは、彼にとって、あくまで「わが言の葉の虚構」でしかないのであるが）では、今日ほんのわずかにしか窺い知られないにせよ、より豊かなイメージを詩のリズムにのせていたにちがいない。

とはいえ（むしろ「しかも」と言うべきか）、パルメニデスの第一部のややぎこちない詩行も、ある意味では彼の描き出そうとしている「真実在（ト・エオン）」のあり方とうまく釣り合っているとも言える。とりわけ、長い一連の詩行をなす断片七から八の数十行を、断片一や第二部と対比してみるとき、論理でかためられた定型リズムの繰り返し（しかも、われわれは、さきに触れた通り、頻出する *γάρ* によって、たえず意識を停滞させられる）は、そのまま均質一様な単一世界の様相を言葉の上に再現する効果を挙げているからである。彼がそのことをどこまで意識的に詩のかたちの上に投影させたのかは明らかでない。しかし、

どこから始めようと、私にとっては同じこと。
そこへ私はいつかふたたび帰り着くであろう。（断片五）

と語っていることは、そのことと無関係ではあるまい。この二行は、彼の「真実在（ト・エオン）」の一様性を表明したものであるが、同時に彼の詩の構造をも言い表わしているように思われる。いずれにせよ、彼の構想する世界の実相は、叙事詩形式によってこそ最も適切に描きうることを鮮明に自覚した上で、彼はそれによっているのである。

エンペドクレスの場合には、さらにはっきりと、ヘクサメトロンによる詩の展開が、意図されたものとして、彼の構想する円環的な宇宙過程をそのまま言葉の上に引き写そうとしたものであると考えることができる。(7) 彼の詩は、意識的に同一の詩句・詩行を反復しつつ、同じ論点を波のように打ち返しては、説明を重ねていく。事実、彼は

必要なことは二度でもこれを繰り返して言うのがよいこと。(断片二五)

と明言しているし、

ただ頂きに頂きをつぎ足しながら
物語の一つの道だけを歩き通さない。(断片二四)

というのが彼の手法であった。

ここにわが語るは二重のこと。すなわち、あるときは多なるものから成長して
ただ一つのものとなり、あるときは逆に一つのものから多くのものへと分裂した。
死すべき者共には二重の生成と消滅とがある。

すなわち一方では万物の「結合」が、ある種族を生んではまた滅ぼし、
他方では別の種族が、もの皆のふたたび「分離」するにつれ、育まれてはまた飛散する。
そしてこれらは永遠に交替しつづけてやむことがない――。（断片一七）

彼の詩もまた、この二重の生成と消滅による円環的シンメトリーおよびそのサイクルの反復を詩行の配列において模していく。定型詩行の反復と幾重ものうねりによって、エンペドクレスは、「愛」と「憎しみ」が支配を交代するにつれて、一体的結合と多への分離を繰り返す全宇宙のふるまいをそのまま写し取っている。詩における反復はそのまま円環的な宇宙サイクルの反復を言葉の上に再現しているのである。ただし、ディールス＝クランツの編集では、関連断片が序詩、原理論、次いで、四つの各宇宙相（「愛」の完全支配期、「憎しみ」の進入漸増期、「憎しみ」の完全支配期、「愛」の進入漸増期）に対応した事象という仕方で、項目的に整理分類されているので、その配列順からは、詩の素型は読み取れない。と言う以上に、残された断片（その分散状況については、多数の出典とのつき合わせによってある程度の確認はできるにせよ）からもとのありようを「復元」することは、もはや不可能である。むしろ、断片からも窺われるような、渾沌を漂わせた息の長いリズムの反復に即して想像を働かせるほかはない(8)。

したがって、これはすでに別のところで述べたことであるが(9)、エンペドクレスの場合、同一ないしきわめて類似した詩句が循環的に反復される（ディールス＝クランツの断片集にも多数指示

されている)結果、後代の引用者が同一詩句を異った個所から引いているケースも多い。とりわけ彼に特有の問題として、「愛」と「憎しみ」との交替支配において同じ事態(たとえば生物の発生、誕生など)がシンメトリー的様相をなして生起することに対応して、同一詩句がシンメトリカルに繰り返される場合が多い。そのために、前後の連関を欠いた当該引用断片をどの宇宙相に割り当てるべきかについて、一見矛盾した証言が見られることもまれではない。しかし、それらが実は別の断片への言及であるとすれば、問題が解消されるようなケースが生じている。こうした事態は、たとえば断片二七において見やすい。(10) ディールス゠クランツは、プルタルコスとシンプリキオスの類似した引用詩句(ただし、前者は「争い」の支配時期におけるもの、後者は「愛」の支配時期におけるものとして引用している)を、同一断片として合体させてしまっているが、やはり彼らの引用どおり別断片と見るべきであろう。さらに言えば、従来ディールス゠クランツなどにおいて同一断片と見なされてきたもののうちの相当数が別の個所における同一詩句である可能性は少なくない。原詩にはかなりの反復があったとすれば、今日およそ四五〇行(全詩行の一割弱)と算定されている彼の断片残存量は、さらに多く見積もられる公算が高いであろう。

4

彼らの文章の特質は、必ずしも個性的なスタイル自体を目指した結果ではない。むしろ彼らの個性的な思想、すなわちこの時代の新たな哲学精神に発した、彼らそれぞれの思想の独自性が、おのずから個性的なスタイルをもたらしたのだ。その中にあって、とりわけ文体に注意を行き届かせ、言葉の力を駆使してみせたのは、まさに最も強く「個」を感じさせる人、ヘラクレイトスである。[11] むろん彼は詩のスタイルを採ってはいない(と言っても、ときとしては、イアンボス調の歯切れのよさの効果を活用したりもしている。例えば断片三二、四九など)。しかし表現の内声部においては、叙事詩体を採用した哲学者たち以上に言葉の響き自体の触発力に対して鋭敏である。彼のアフォリズム的断章の端的な表現に込められた濃密さと力強さは比類がない。そこに駆使されているのは、まさに現代的な詩的言語と同質の言語感覚であるとすら思われる。彼は音韻や複雑なリズムの効果をすみずみまで行き渡らせ、新しい造語法を拓き、メタファーや謎掛けやパラドックスを縦横に織り込むことによって、われわれを挑発する。テクストの多義性や不明瞭さすら、しばしば意図されたスタイルであり、それによって思いもかけぬ仕方で世界の実相にひそむ深く豊かな意味を呼び起こしてくるのである。彼のアフォリズムは個々の事象の真を指し示す以上に、事象を越えた普遍的な様相と原理を的確に射当てようとしている。おそらく、彼の「ロゴス」とは、(少なくともその一面において)詩的メタファーが最大限の緊張と飛翔を強いられることで、譬喩という約束に立つ言語連関を越え出て、普遍(ξυνόν)へと開放された言語だと言うことができるのではないか。

そして、さしあたりここで強調しておきたいのは、端的な日常的事実を平明な表現において配置することで、かえって深い言語的触発力を内蔵させながら、パラドックスの矢を射掛けてくる彼の「ロゴス」もまた、まさにあるがままの平明な事象世界において噴出する、表層の条理と不条理、深層の条理と不条理の縺れ合いを、この上なく的確に写し取っている、ということである。上り道と下り道、川の流れ、弓と竪琴、毛梳刷毛の動き、ロバ、ブタなどの、ありふれた諸事物についてのあるがままの記述、個々にはさりげなさそうな日常的事例についての端的な記述を積み重ねていくことで、それらをアフォリズム的真理として紡ぎ変えていく。それこそが、世界の実相を浮かび上がらせるべく、最も適切に意図された彼の手法であった。世界とは、彼の著作とまったく同等の仕方で、一見平明な事象の裏側に限りない謎と矛盾をひめつつ、それらをたえずアフォリズム的事実としてわれわれにつきつけてくるものにほかならないからである。

＊

アナクシマンドロス以来、初期哲学者たちの多くがそれぞれに「自然について」の(基本的に単一の)著作を残し、その中に彼らの構想した宇宙原理からの生成過程と現にある世界の様相のすべてを書き込めようとした。しかし、いま見てきた幾人かの思想家たちから窺い知られるところによれば、いずれも単に著作構成のスパンにおいて世界を尽くそうとしただけではない。むしろ、彼らは、世界を記述する言語に最大の負荷をかけることによって、全世界をそれのうちに搦めとり、宇宙そのものと等価の重みを言葉の宇宙に付与しようとしたのである。初期ギリシア哲学者たちから伝えられた断片の、ほとんど些細な片言隻句ばかりの集積がもたらすかけがえのない魅力と触発力は、やはり究極的には世界の十全な記述を目指した、かれらの言語表現の密度の濃密さによると言うべきであろう。

（1）所掲の断片を含めて、直接の出典はシンプリキオス(*In Physica*. 24, 13)であるが、この前後は、テオプラストス『自然学説誌』がそのまま引用されているものと見なされている(H・ディールスによる)。したがって、この文体批評もテオプラストスに淵源するものということになる。

（2）「博識は覚知を得ることを授けない。さもなければ、ヘシオドスやピュタゴラスにも、さらにはまたクセノパネスやヘカタイオスにもそれを授けたはずではないか」(断片四〇)。ここに列挙されている四人の名前は、それらに対比されるべきヘラクレイトス自身の求めていた知のあり方に、きわめて多くの示唆を与えている。

（3）Snell, B., *Die Entdeckung des Geistes*, Göttingen, 1975[4], S. 196.（新井靖一訳に準拠）

（4）人の世代の交代を次々と生え変わる木の葉になぞらえた譬喩(『イリアス』第六歌一四六行)のみが、ほとんど唯一の例外。ただし、この個所については文脈的にもそぐわないところがあり、非ホメロス的な表現であることが指摘されている。

（5）断片一四八「人の身を包む土」(ホメロスでは「人の身を包む楯」)、断片一四九「雲を集める空気」(ホメロスでは「雲を集めるゼウス」)などは、同様の仕方によるホメロス的詩句の「自然学」的転用として興味深い。

（6）断片三などでミューズへの呼びかけがなされるが、断片八・一をはじめ随所に「わたしが語る」ことが強調的に告げられている。ヘシオドス『仕事と日』も詩人自身を語り手としている(「願わくはみそなわし聞こしめして、わが祈りに耳を傾け、正義によって裁きを正したまえ。／あなたにはかく祈願して、さて私はペルセースめに、真《まこと》のことごとを語り聞かせてやりましょう」九－一〇行)が、その内容は彼自身の実生活にまつわる事柄である。エンペドクレスのミューズは、したがって、ヘシオドスとも異なった様相を呈している。「願わくばわが祈りにこたえて、カリオペイアよ、ここに今ふたたび現われきたり、／至福の神々について私がすぐれた話を語り示すのを助けたまえ」(断片一三一・三―四)には、むしろサッポーなどとの連続性を見るべきかもしれない。恋人に捨てられた彼女は、アプロディテに祈願する。「いざやここにお出まし下さい、かつてお答えなされたように。／かつて私の哀訴をはるかかなたから／お耳になされて、父神の黄金の館を後に／お出まし下されたように」(断片一・五―八)、「今ふたたびお出まし下さり、切ない苦悩を解き放ち、／わが思いの丈のすべてを／遂げさせたまえ。おん自らして／戦を共にして下されませ」(断片一・二五―二八)。こうした哀訴の仕方には、『イリアス』(第一歌四五一行以下、第五歌一一六行以下)などに見られる「かつてわれを助けたごとく、(今また)われを助けたまえ」という古来の伝統的な祈禱文の形式が踏まえられている、という指摘がある(Snell, B., *op. cit.*, S. 302, Anm. 24)。エンペドクレスもサッポーも、自らがなそうとする行為の援助者として女神を呼び出しているのである。そこには、むしろ魔術的な伝統に根ざしたものがあるように思われる。ちなみに、プラトンの『ティマイオス』(27CD)や『クリティアス』冒頭における神(々)への祈願の形式にも、エンペドクレスからの連続において、さらに発展した段階を認めることができよう。壮大な宇宙論を語り終えたティマイオスは「これからも神々の誕生にまつわる言論を正しく語っていけるよう、神が妙薬のうちでも無上最善のものたる知力をわれらにお与え下さるように」と祈っている(106D)。「妙薬」**φάρμακον** には、明らかに、魔術的なものへの示唆が含まれている。

(7) Most, G. W., ‘The Poetics of Early Greek Philosophy’, in Long, A. A. (ed.), *Cambridge Companion to Early Greek Philosophy*, Cambridge, 1999, p. 356.

(8) 同様の意図された効果は、一見きわめて「散文」的なアナクサゴラスの記述(特に万物の相互混入によって「分離」の過程が永遠に未完了的でしかありえないことを述べた個所――断片一―一〇)における回帰的な反復表現、並列的記述の連続や繰り返しにも窺われよう。

(9) 本書収録の「解体する自然のさ中なる生――エンペドクレスの「新断片」発見によせて」参照。

（10）　この断片の具体的な構成プロセスについては、DKの当該個所(I, S. 323–324)または岩波版『ソクラテス以前哲学者断片集』第Ⅱ分冊、二四九―二五〇頁を参照されたい。

（11）　彼についてのやや立ち入った考察は、次の論考「人の語りとしてのロゴス――ヘラクレイトスにおける言語と世界」参照。

――ホメロス『イリアス』およびヘシオドス『仕事と日』からの邦訳引用は松平千秋訳(岩波文庫版)に準拠したが、文脈および論旨の都合上、字句に適宜変更を加えてある。

人の語りとしてのロゴス
——ヘラクレイトスにおける言語と世界

1

古代ギリシアに由来する数多くの哲学上のタームのうちでも、「ロゴス」は最も際立ったもの、というよりもむしろ古代ギリシア語であることが意識されないまでにわれわれのうちに根ざし、ほとんど哲学そのもの、あるいは哲学的伝統の総体を(ときにはそれに対する批判的レッテルとしてでもあるが)代理する位置にあるものとなっている。この言葉を哲学の世界にはじめて定着させたのは、およそまぎれもなくヘラクレイトス(前六世紀末)であった。「哲学」がタレスとともに始まったとすれば、それからほぼ一世紀をへて、「ロゴス」は、ほとんど突如としてヘラクレイトスにおいて——そして彼にやや遅れて、しかしおそらくは彼とは独立に、パルメニデスにおいて——現われ、その後急速に目立った仕方で大きな役割を担うようになっていく。このこと自体が、むしろその自明性のゆえにか、さほど注意を引いてこなかったように思われるが、同時に

「ロゴス」が哲学に登場してくる当初の場面を改めて眺めなおすとき、その唐突な登場は、これまで十分に気づかれぬままにきたある意味合いと意識に支えられたものであったことが、いっそう注意されるであろう。

周知のように、ヘラクレイトスのロゴス概念は、ヘレニズム時代においてはストア派のそれと一体化されて、コスモロジカルな根本原理を意味するものと解されてきた。すなわち、ストア化されたヘラクレイトスのロゴスは、「理性」あるいは「宇宙理性」として主体的実在と見なされ、しかも他方では、物質的位相において「永遠に生きている火」(断片三〇 πῦρ ἀείζωον)と同一視されるとともに、アレクサンドリアのクレメンスのパラフレーズによれば、「万物を司っているロゴス」がすなわち「神」であった(『雑録集』第五巻一〇五節)。そして、この線での解釈がヘラクレイトスのロゴスそのものに逆転化されて、そのまま伝統的な見地を大きく支配してきたのである[1]。

もっとも、ここではこうしたストア派的ロゴス観を含めた学説誌的伝統を批判吟味しつつ、ヘラクレイトス自身のロゴス概念を正面から問うことはしない。むしろそれに先立って、もっぱら彼の著作断片に即しつつ、やや周辺的な、しかしおそらくは基礎的な意味を持つものと思われる作業に終始することに努める。ともかくも、ヘラクレイトスにおけるロゴスという語の使用の場面に立ち返ってみることを第一義とする。そのことが、かえってギリシア的なロゴスの新たな一面を明るみに出すように思われるからである。

2

ヘラクレイトスの著作は、後代の引用を通じて、今日までおよそ一三〇の断片が伝存しており、「ロゴス」の語は、そのうちの一〇断片に都合一二例があらわれている。ただし、そのうち少なくとも一例(断片七二の一部)は、明白にヘレニズム的、ストア派的なコンテクストに置かれたものので、これは、通説のとおり、後代の引用者(M・アウレリウス)によるパラフレーズと解するべきであろう。残る九断片に見られる用例を、まず一覧することにする。それらは、暫定的な意味レベルの区別によって、以下のとおり三つのグループに分けることができよう。

第一グループ

(断片三九) プリエネには、テウタメスの子ビアスがいた。彼の声望は他の誰よりも高い(*πλείων λόγος*)。

(断片八七) 愚かな人間は、どんな言葉にも(*ἐπὶ παντὶ λόγῳ*)立ちすくんでしまうものだ。

(断片一〇八) わたしがその言うところを聞いたかぎりの人びとのうち(*ὁκόσων λόγους ἤκουσα*)、誰一人として、知(なる存在)がすべてのものからかけ離れたものであることを認知するに至っていない。

第二グループ

（断片一）ロゴスはここに示されているのに（τοῦ δὲ λόγου τοῦδ᾽ ἐόντος）、人びとは、それを聞く以前にも、ひとたび聞いてのちにも、けっして理解するようにならない。なぜなら、すべてのものごとは、このロゴスに従って（κατὰ τὸν λόγον τόνδε）生じているのに、彼らはまるでそれを見聞きしたためしがないも同然で、しかも、多くの話や事実を見聞きしながらそうなのだ。まさにそうしたことをわたしは詳らかにしており、それぞれのものごとをその本来のあり方に従って分明にし、それがいかにあるかを明示しているというのに。他の人びとには、目覚めてのちに何をしているのかも、さながら眠っている間の行いを忘れているのと同様に、気づかれていないのだ。

（断片二）さればこそ、共通のものに従わなければならない。しかるに、この理（ロゴス）こそ共通のものであるというのに、多くの人びとは、自分独自の思慮を備えているつもりになって生きている。

（断片五〇）わたしにというのではなく、この理（ロゴス）に聞いてそれを理解した以上は、それに合わせて万物は一であることに同意するのが知というものである。

第三グループ

（断片三一）火の転換。まず海となり、海の半分は大地に、半分は熱気流（プレーステール）となる。大地は溶解して海となるが、海の分量は、大地となる以前にそうであったのと同じ割合（ロゴス）のものである。

（断片四五）魂の限界は、それに行き着こうとして、たとえあらゆる道を踏破しても、見つけ出せないであろう。それほど深い割合（*βαθὺν λόγον*）を、それは持っている。

（断片一一五）魂は自己増大する割合（ロゴス）を有する。

第一グループとしてまとめたものは、すべて前五世紀における一般的、日常的な用法と解してよかろう。いずれも、たとえばヘロドトスや悲劇詩人たちに同様の用例を数多く見いだすことができる。ただし、これらの作品はすべてヘラクレイトスよりも後の時代のものであることには、一応の注意が必要であろう。またヘラクレイトスは、これらの日常的イディオムを単にそのようなものとして用いているのではなく、むしろ独自の重い響きを重ね合わせて、新たな意味を担わせようとしているようにも思われる。

第二グループの三例は、すべて一連の（おそらくは著作全体に対する序文的性格の）文章からの断片であろうと推測されるものである。「理」（ことわり）という含みの多い訳語を充ててあるが、これらの断片をそのようなコンテクストに置くことが正しいとするならば、このグループの「ロゴス」は、第一義的には、たとえばJ・バーネットが解するように、「ヘラクレイトスその人の言説」を意味することになろう[2]。むろん彼がその背後にどれほどの内実を担わせようとしているかはともかくとして、ここにヘラクレイトスの「ロゴス」概念が成立してくる最も端的な出発点を見いだすことができるように思われる。

第三グループは、さきの二つとは異なり、「言葉・言説」という意味の延長上にはただちに含み込むことはできないようなケースである。暫定的に「割合」という訳語を充て、その特異性をやや強調してあるが、その正確な意味の確定は困難であるとともに、少なくとも第二グループとの隔たりは連絡可能であるとも考えられる。明らかに、これらの用例において最も深い意味が示唆されており、ヘラクレイトス以降になって頻出する哲学的な「ロゴス」は、ここに根ざしている。

3

先にも触れたように、J・バーネットは断片一にコメントして「ロゴスとは、基本的には、ヘラクレイトス自身の言説のことである」と述べている(したがってロゴス概念の中核もまたそこに求められることになる)。しかし最近のヘラクレイトス研究のベースをなしてきたG・S・カークは、ロゴス概念の意味中心および意味基準をもっぱら第三グループに認め、第二グループの三断片においても、そこに用いられているロゴスという語が「現にヘラクレイトスが述べているwordsやteachingそのものに言及しているとは考えない」と言う(3)。彼によれば「たとえそれに言及しているとしても、明らかに、その教説の意味するもの(meaning)であり、すなわち対象的な意味でのそれ」(ibid.)であって、「ロゴス」は言葉そのものとは直接に結びつかないのである。他方、彼はロゴスの語源がpicking out/choosingにあることを強調し、そこから、reckoning＞measure and proportion＞systematic formula＞plan/lawという方向での意味発展を指摘する。ヘラクレイトスのロゴス概念はすべてこの線でカヴァーしうるとしているのである。第二グループについて見れば、なるほど「すべてのものごとは、このmeasureに従って生じているのに、彼らはまるでそれを見聞きしたためしがないも同然で……」(断片一)とか「わたしにというのではなく、このmeasureに聞いてそれを理解した以上は……」(断片五〇)という仕方で、「ロゴス」に対してこれらの訳語を直接充てても「ほとんど意味をなさない」ことは彼も認めつつも、実質的にはそれでもヘラクレイトスの言わんとしていたことからさほどかけ離れてはいないことを、強く主張している(ibid.)。

カークほどに明快な立場をとる人は少ないにしても、第三グループに「ロゴス」の最も重要な意味を見てとり(むろんそれは当然であろうが)、カークと同じ語源的遡及においてロゴス概念の起源を求めようとする試みは、繰り返しなされてきた。H・フレンケル(4)やE・マイナー(5)をその代表として挙げることができようが、彼らはともに、ヘラクレイトスのロゴス概念をピュタゴラス派に遡らせて、すなわちピュタゴラス派起源のものとして理解しようとしている。しかし、(ここでその詳細に立ち入ることは控えるが)最初期の同学派において数理的なロゴス概念を見いだすことはできない。彼らの間にそれが熟するのは、明らかにヘラクレイトスよりもはるかに後になってからのことであり(かなりの断片が残存しているピロラオスにはわずか一例現われているだけであり、数的比例関係を表わす一般的用語として定着するのは、前四世紀のアルキュタスに至ってからである）、おそらくは直接間接にヘラクレイトス的ロゴス概念を経過してのことでしかないのである。

他方で注目されるべきことは、ヘラクレイトスの直後から、その第二グループ的な「ロゴス」の使用が急速に一般化している、という事実である。彼とほぼ同時代に活動したパルメニデスの著作断片に、それがけっして頻繁にではないが、きわめて重要な意味を担いつつ印象的な概念として登場してくるのは、周知のとおりである。パルメニデスにとって、感覚や単なる日常経験に対立させられた「知性」（ノオス）と「理」（ロゴス）に従ってすべての事柄の真偽を判定すべきことが、絶対的な根本原則であった。「ロゴスによって判定せよ」と彼は明言している（断片七・五）。ここには、明らかに、ロゴス概念がきわめて深い意味を獲得しているのを見てとることができよう。ただし、この場合の「ロゴス」は、疑問の余地なく女神の語る「言葉」そのものと密接に結びついた「理」にほかなるまい。したがって、たとえば断片八・五〇において「真理についての信ずべき言葉（ロゴス）と思考」と言われているときの「ロゴス」とさほど遠いものではないはずである。エンペドクレスの場合にも、およそ四五〇〇行にのぼる彼の現存断片のうちには、「ロゴス」の語が五例見られるが、そのいずれも、明白に「語ること、語られたこと、話」を意味する用例ばかりである。さらに付け加えれば、エンペドクレスにおける「ロゴス」は、一つの例外もなく「エンペドクレス自身の語り・話」を指すものとなっているのである。(6) この事実は、後に改めて触れるが、きわめて興味深い示唆を含んでいるように思われる。

4

こうした状況証拠によるかぎり、第三グループ的なロゴス概念はヘラクレイトスにおいて独自に形成されたものであり、所与としてのそれは、むろん第一グループの日常的な用法であり、その延長上で第二グループを解したときに想定される「(ヘラクレイトス自身の)言説」という意味合いにある、と考えるのが自然であろう。そして、この想定は何ら格別なことではない。前五世紀の、ヘラクレイトスにつづく時代の散文において、‘οὗτος ὁ λόγος’(この言説)というフレーズは、著者自身の言説を指す常套的な用法となっているからである(たとえば、メリッソス断片八、デモクリトス断片七、イオン断片一、アポロニアのディオゲネス断片一などを参照)。ヘラクレイトスの断片一冒頭における‘τοῦ δὲ λόγου τοῦδε’は、まさにその先駆けをなすものであったと言ってよかろう。のみならず、この意味での「ロゴス」が、パルメニデスやエンペドクレスにおいても通例のものであったことは、すでに見たとおりである。それはまた、次節でも触れるように、ある特別の意図を込めながら、クセノパネスがいち早く定着させていた用法でもあったのである。

おそらく、ヘラクレイトスの「ロゴス」は、まずこうした最も一般的なコンテクストの中に置いてみるべきであろう。すなわち「ロゴス」とは、ヘラクレイトスにとっても、第一義的には「言葉・言説」にほかならなかったのである。したがって、この限りでは彼は、きわめて平明な概念をきわめて平明に用いているにすぎないとも言える。あるいはむしろ、言葉・言説としてのロゴスというきわめて平明な概念が、彼の洞察を通して一挙にその意味を第三グループ的な方向へと深め、哲学の基底を担う最も重要な概念にまで高められていった、と言うべきであろうか。ヘラクレイトスにおける「ロゴス」の三つの意味層は、そのまま彼自身におけるその深化の過程を写し出しているように思われる。

5

いましがた述べたように、前五世紀においては、多くの著作家たちがみずからの言説をロゴスと称するのを通例としていた。もともと「ロゴス」は「言葉・話」を意味する語であるからには、一見きわめて当然のことのようにも思われよう。しかし、その先駆者としてヘラクレイトスが、彼の著作の冒頭に'*τοῦ δὲ λόγου τοῦδε*'と記した当座においては、いまだそれは、けっして容易になじみうるような響きのものではなかったにちがいない。しかも「(真で)ある」(*ἐόντος*)あるいは「つねに」(*αἰεί*)といった重い意味を持った言葉と響かせ合いながら、それを用いたとき、いまだなお、ある種の斬新な衝迫力を与えるようなものであったと思われる。

そもそも「ロゴス」という語の用例は、ヘラクレイトス以前には意外なほどわずかにしか見いだされない。日常的の言葉としてはともかくとして、文献の上では必ずしも一般的な用語ではなかったのである。特に古い時代の詩人たちでは、その使用頻度はきわめて低い。ホメロスでは、長大な二つの叙事詩を通じて、それぞれに一例ずつしかあらわれておらず、しかも『イリアス』

中の個所は、後代の挿入詩句の可能性も高いとされている部分のものである。ヘシオドスに至ってもわずか五例にすぎず、またヘラクレイトス以前の初期抒情詩人たち（アルカイオス、サッポー、アルキロコス、あるいはソロンなど）の残存断片にもまったく見当たらない。それに対して、むろん前五世紀後半以降には、韻文・散文を問わず頻出することは、言うまでもないであろう。そして、初期におけるわずかな用例を見るとすぐに気づかされるのは、「ロゴス」がきわめて特定化された意味においてのみ用いられていることである。

まずホメロスの場合、『イリアス』においては、けがをしたエウリュピュロスをパトロクロスが「いろいろなロゴスで慰めた」（*καὶ τὸν ἔτερπε λόγοις*）というものであり（第一五歌三九三行）、また『オデュッセイア』の用例は、妖女カリュプソがオデュッセウスを「やわらかく甘い言葉で（*μαλακοῖσι καὶ αἱμυλίοισι λόγοισιν*）たぶらかす」というものである（第一歌五六行）。いずれの場合も、そのロゴスの内容は空疎に近く、ともに何らかの程度において、偽りを含んだ言論を指している。他方、一般に言葉や言説を表示するのには、「エポス」や「ミュートス」およびその関連語が多用されて、「ロゴス」と好対照をなしている。

またヘシオドスについては、五例あらわれているとはいえ、そのうちの三つまではホメロスの〝*αἱμυλίοισι λόγοισιν*〟（甘い言葉で）をイディオマティックに借用したまでのものであり、残る二例の一つも『神統記』においてエリス（争いの神）が生み出したさまざまな凶事が列挙されている中に見られる〝*ψεύδεα* …*λόγους*〟（虚言）である。後代の通念的な用法の枠内にはいるのは、結局、一例にすぎない(『仕事と日』一〇六行)。

このように、叙事詩の世界では、明らかに「ロゴス」は、ある限定された性格の言論についてのみ適用されるべきものとなっている。それも、けっしてすぐれた内容の言論ではなく、むしろきわめてネガティヴなニュアンスを含み持った、非本来的な言論のみを表示するものとなっている、と結論づけることができよう。この事情は、その動詞形 *λέγειν* についても変わらない。

6

当初、少なくとも叙事詩人たちによって、*λόγος/λέγειν* は、ネガティヴなニュアンスを含んだ語として、もっぱら非本来的な言論の領域についてのみ用いられていた。この事実は、前五世紀初頭以降において急速に確立されてくるロゴス概念の意味と内実を考えるうえで、きわめて重要な前提条件をなしているように思われる。この時代におけるロゴス概念の形成ということ自体は、すでに「ミュートスからロゴスへ」という図式の中で語り尽くされてもいようが、しかし、このロゴスへの転換点を、叙事詩的な「ロゴス」の様相と重ね合わせつつ、探査しなおしてみるとき、これまで必ずしも十分に注意が払われてこなかった一つの側面を明るみに出すことができるように思われる。そして、その点こそが、まさにヘラクレイトスにおけるロゴス概念の強調と深化を支えている最も重要な根拠にほかならないとも思われるのである。

今日まで伝承されている古典文献において、最も早い時期に「ロゴス」という語に固有の重みを込めながら用い始めたのは、クセノパネス(前六世紀後半)であった、と考えてよかろう。彼の詩作品のうちで残存するほぼ一二〇行の断片中に、このタームそのものは二例しか見られないが、しかし、いずれも確固とした内容を持った「言説」を意味している点で、ホメロスやヘシオドスとは明白に好対照をなしている。彼は、これから語ろうとするある重要な話題を「さていまや、わたしは別の言説(ロゴス)へと向かい、道を示そう」というフレーズによって導いている(断片七・一)。また「浄らかな言葉をもって(*καθαροῖσι λόγοις*)」(断片一・一四)がホメロス・ヘシオドス的な「甘い言葉で(*αἱμυλίοισι λόγοισιν*)」に挑戦的に呼応するものであることは、容易に気づかれよう。

そしてさらに注目されるべき点は、いま掲げた断片七・一においてのみならず、残存する彼の断片のすべてを通じて、クセノパネス自身による一人称の「語り」については、一つの例外もなく、*λόγος* および *λέγειν* を用いていることである。特に、みずからの言説について「真実のままに語る」(*λέγειν ἐτύμως*)という表現がなされている個所(断片八・四)には、叙事詩的世界の非本来的なロゴスを意識に置いた上で、ヘシオドスによる「いつわりを語る」(*ψεύδεα λέγειν*)に対する明確な対立の構えが、はっきりと表明されているのが見てとられよう。他方、昔の詩人たちや伝統的な言説については、彼はけっして *λόγος/λέγειν* を充てることをせず、*φθέγγειν*(断片一二)や *εἰπεῖν*(断片三四)あるいは *διέπειν*(断片一)などを用いて、自分自身のロゴス的な語りから、まぎれることのない仕方で区別しているのである。また、著者自身の言表に一貫して *λόγος*/

λέγειν を充てることは、クセノパネスだけに特有の方式ではなく、すでに触れたように、エンペドクレスの場合にも指摘できることであり、とすればそこに共通するある普遍的な意味を読み取ることが可能なはずである。

むろんクセノパネスの著作断片の量は限られており、抽出しうる用例はけっして多くはない。しかし、それだけの範囲で確認されうる結果を、ホメロスやヘシオドスの場合と対比してみるだけでも、すでに λόγος/λέγειν が他の多様な「語り」を意味する動詞に対して占めている位置関係が、ほとんど完全に逆転していることは明白であろう。クセノパネスは明らかに意図的に、彼にとっての最も有意味な言語活動に対して、一貫して λόγος/λέγειν を充てている。つまり、ホメロスやヘシオドスにあっては最も無内容な言論についてのみ用いられていた用語を、挑発意識的に際立たせているのである。ロゴスとは、いましがた見たように、彼自身の語りであり、さらに彼自身が直接に見聞きし、直接に体験した事実についての語りである。そこには、明らかに、伝統的な宗教や詩人たちを全面的に否認したクセノパネスが、みずからの新たな知的活動の位相を鮮明にしようとする、激しい意思表示を読み取ることができよう。

ただし、そうした新しい領域での言語的表明を始めたとき、彼は必ずしもそれを「ロゴス」の名の下に、一方的に誇っているわけではない。むしろ反面において、ロゴスの標榜は、みずからの知的活動の有限性を明確に表示するものともなっているのである。「いかなる人も明確なことを目にしはしない」のであって、「万事につけて思惑あるのみ」だという強い自覚(断片三六)もまた、クセノパネスにおいて表明された事柄であった。そして、おそらくは、まさにその自覚のゆえにこそ、彼は、λόγος/λέγειν という新たな語り方を切り開かなければならなかった。あるいは、その新たな語りの地平を、いささかアイロニカルに、ロゴスとして表示しなければならなかったのである。すなわち、全知全能なる神や神の意を直接に体した詩人たちとは異なり、限りある知のみを備えたわれわれ人間の語りうるすべては、「ロゴス」という卑小な言説でしかありえず、われわれは、すべてについてただ λέγειν することしかなしえないのである。

むろん彼の自覚は新たな神観念に向けられている。クセノパネスやヘラクレイトスのある種の傲岸さは、おそらくそれと表裏して、無自覚な知に甘んじつつそれと気づかずにいる人間たちに対するものであろう。この意味において、クセノパネスの λόγος/λέγειν は、詩人たちの大言壮語と神の英知との間に新たに切り開かれた、本来の人間的言説の位相を、正確に指し示そうとするものにほかならない。ロゴスとは、当初、人の身にふさわしい知への自覚に立った栄光と悲惨をともに表明する新たな質の言語だったのである。

7

さて、ヘラクレイトスの「ロゴス」についても、クセノパネスと同じ一つの新たな意思と自覚を見てとることができるのではないか。あるいは、そこにまず第一に見なければならないのは、それではないか。この意味では、のちのロゴス概念の原点は、クセノパネスにまで遡って求めるべきかもしれない。しかし、新たに自覚された人間的な言論の地平を「ロゴス」として明確に意識しつつ、それに深い内実を与えて哲学上の基礎概念にまで高めたのは、やはりヘラクレイトスであったと言うべきであろう。両者の「ロゴス」の間には、明らかに、共通の基盤の上での発展性が認められる。彼がそれをクセノパネスから意識的に継承したわけではないかもしれない。クセノパネスがホメロスやヘシオドスを罵倒嘲笑しているのと全く同じように、ヘラクレイトスはクセノパネスに対しても激しい非難を浴びせているからである。しかし、その相互批判の精神こそ両者に共通の、言わばロゴス性の最も基調をなす特質であり、おそらくは、そのことが期せずして両者を同じ言語意識へと導いたのであろう。

これまで見てきたように、彼らのロゴス性には、つねに「私の語り」すなわち一個人としての人間の側からの語りという方向性が鮮明に確保されていた。伝統的・詩人的な言説としてのエポスやミュートスをアイロニカルに棚上げしつつ、みずからの内発的な言論に付与した死すべき者ども卑小さ、という構えが「ロゴス」であったと見ることができよう。この点において、こうしたロゴス性は、単にクセノパネスに認められるのみならず、前六世紀とともに始まったイオニア哲学の動向全体と密接に呼応している。タレスによる「万物は水から成る」という周知のテシスの内実をなしているのが、彼自身の自然観察力と内発的な洞察力であるとすれば、その言説のベクトルは、すでに確固としたロゴス性を獲得しているのである。ヘラクレイトスのロゴス概念は、したがって、イオニア哲学の基本精神を最も端的に集約したものでもあった。

しかし、ヘラクレイトスの「ロゴス」は、むろんそれにとどまるものではない。クセノパネスとの共通性が最も顕著な、さきの第二グループの用例について見ても、それらは単に「私の言説」を強調して伝統的なエポス・ミュートスとの対峙を示しているにとどまらず、明らかに「私」を越える何ものかへの眼差しをも示唆しているであろう。断片二によれば、それは「共通のもの」(*ξυνόν*)であり、さらに断片五〇には、まぎれもなく「私にというのではなく、ロゴスに聞いて」と言われている。この点で、彼はクセノパネスを越え、またパルメニデスやエンペドクレスにも見いだしえないような内実を、ロゴスに与えていく。

第三グループ的な用法は、この意味で、明らかに第二グループに連続したものである。それらは、たしかにカークの指摘にもあったように、ロゴスの語源にあるpicking out/choosingとの連絡を全く無視して考えることはできないかもしれない。しかし、その語源的意味作用に着目しつつ、そこからmeasure and proportion あるいはさらにsystematic formula > plan/law といった深みにまで発展させて、それを確立したのはヘラクレイトス自身であったとすれば、彼にそれを促したのは、まさに新たな「言説」としてのロゴスに対する強い自覚であったと考えられよう。すなわち、これまで指摘してきたようなロゴスに対する意識が原動力となって、逆に当のロゴスの持つ可能性へのより深い洞察が開かれて行なったのであろう。その意味では、第三グループ的な用法もまた「言葉」として統一的な視点のうちに位置づけることができるはずである。

当面ここで強調しておきたいのは、ヘラクレイトスが、およそ誰にもまして「言葉」に対する意識を鋭敏に研ぎ澄ませているという点である。クセノパネス的なロゴスへの自覚を越えて、ヘラクレイトスがそこに彼の思想的核心を開いていった端緒が、確実にその言語感覚に求められるように思われるからである。何よりも明瞭なことは、著作というもののきわめて早い時期において、彼がすぐれて意識的な文体を確立し、ねりあげられた個性的な文章を書き記している、という事実である。H・ディールスは、きわめて適切に、こう述べている。「ヘラクレイトスは、異論の余地なく、古代において最も subjektiv な、そしてある意味において最も現代的な著作家である」(7)。

古代において、プラトンとは異なった仕方で、ヘラクレイトスが文章を書くことに最大限の工夫をこらした人であり、言葉の持つ可能性を最高度に駆使した人であることは、彼の多数のアフォリズム的断章に込められた表現の豊かさを目にすれば、ほとんど自明ですらあるだろう。その文章の濃密さと力強さは、けっして単に短く切り詰められた箴言的スタイルのみによるものではない。彼は、音韻や複雑なリズムの効果に意を用い、新しい造語法を開き、メタファーや謎かけやパラドックスによって、聞き手を挑発する。テクストの多義性や不明瞭さすら、しばしば意図されたスタイルであり、その触発力によって思いもかけぬ深く豊かな意味をからめとってみせるのである(8)。

とはいえ、ヘラクレイトスにとって、これらの文章における工夫は、けっして単に表現上のそれとしてなされたものではないことにも、注意するべきであろう。むしろ表現さるべき事柄の新しさが文体の新しさを要請しているのである。表現の問題は、そのまま世界についての理解のあり方の問題にほかならない。彼の著作断片が難解であるとすれば、それはとりもなおさず、彼がそこに描き出そうとした世界の実相が、容易に解きがたい難解さをはらんでいるからである。

彼の文体が、しばしば、デルポイの神託になぞらえられてきたのは、むろんその言葉の含蓄のうちに世界の謎を垣間見せている点で、両者が類同的なものと見なされたためである。ヘラクレイトス自身も、幾度も神託的な言葉づかいに言及しており、特に断片九三は、すでに古人によって著者自身の謎かけ的なスタイルを解きあかしたものと考えられてきた。すなわち、あたかもデルポイの神託と同じように、ヘラクレイトスもまた「語りもせず(*οὔτε λέγει*)、隠しもせず(*οὔτε κρύπτει*)、暗に示す(*σημαίνει*)のみ」だ、というのである。

なるほど「意識的な両義性」(C・カーン)を巧妙に援用して深い意味を表現にもたらしている点をはじめとして、さきに挙げたようなさまざまな文章上の工夫とその濃密さにおいて、神託と似通ったところがあることは確かである。ヘラクレイトスの断章も神託の「お告げ」も、こうした表現を通して、表面上の意味の裏に隠された「真意」を探り当てなければならない。

しかし、はたして彼は文字通りに神託的な語り方をしているのか。むろん彼の言説もまた、シビュラの託宣のごとくに「その声をもって千年の彼方に達する」(断片九二)ことを欲していたにせよ、それは神託とは本質を全く異にするものでもあった。「デルポイの神託の主は、語ることをしない(*οὔτε λέγει*)」のだったが、ヘラクレイトスの「ロゴス」は文字通り *λέγειν* するものである。彼は、それまで不明確に「暗に示す」(*σημαίνει*)ことしかなされてこなかった世界のパラドクシカルな実相について、言葉の持つ力を最大限に駆使することによって、明確に「語る」ことを目指したのである。神託は、世界のパラドックス性をそのあるがままに告げ知らせるがゆえに、本質的にパラドクシカルであり、両義的である。しかし、ヘラクレイトスのロゴスは、それを明確で一義的な言表へともたらすべきものである。それは、断片一に明示されているように、ものごとを「詳らかにし(*διηγεῦμαι*)、それぞれのものごとをその本来のあり方に従って分明にし(*διαιρέων*)、それがいかにあるかを明示する(*φράζων*)」ものなのである。

8

「世界は、神々のどなたかが造ったのでもないし、人間の誰かが造ったのでもない」(断片三〇)。とすれば、古来の神話的な宇宙創成説やミレトス派的な世界説明は、一旦清算されなければならない。それはむしろ「いつもあったし、現にあり、またありつづけるであろう」(ibid.)と考えるとき、世界を何らかの創造者や一元的なアルケーに帰着させ、それに依拠して理解する方途は禁じられる。われわれはあるがままの世界を、そのとおりのものとして、把握しなければならない。そして、われわれは現にそれを日常的に「経験している」(*πειρώμενοι*)のであって、ヘラクレイトスのロゴス的な世界理解の出発点はまさにそこにある。事実、彼の断片に記述されているのは、ほとんど例外なく、きわめてありふれた日常的事例のみである。たとえばそれは、上がり道と下がり道についてであり、弓や竪琴について、あるいは睡眠と覚醒やディオニュソスの祭りについてである。

むろん彼のロゴスは感覚をいささかも斥けはしない。「何であれ、見たり聞いたり学んだりできるもの、それらを私はまず尊重する」(断片五五)。ただし、「もしも βάρβαρος な魂を持つ者には、目や耳は悪しき証言者となる」(断片一〇七)と言われていることに注意しなければならない。'βάρβαρος' とは、文字通りには「ギリシア語を解さない(者)」という意味であって、ここでは「ロゴス的な能力を欠いた(者)」を指していよう。したがって、この断片によれば、われわれの世界認識は感覚を踏まえて成立するのではあるが、それを知識にまで高めるためには、ロゴスの媒介、ロゴスの力が不可欠の要因となる。すなわち言語的な能力を介して見聞きした事柄を「詳らかにし、それぞれのものごとをその本来のあり方に従って分明にし、それがいかにあるかを明示する」ことに努めなければならないのである。

ロゴスとはそうした仕方での言葉の使用法である、と言ってもよかろう。ヘラクレイトスのロゴス概念の根本が、われわれの世界認識における言語の重要性あるいは言語のある重要な用い方を強く喚起することにあったことは、おそらく間違いあるまい。ロゴスという新たな言語使用の中で、世界ははじめてわれわれ人間に対して明示化されてくる、言語的表現の彫琢と的確さを通してはじめて世界の意味はあらわにされてくるということ——ヘラクレイトスの諸断片は、それを如実な経験として伝えている。

（1）伝統的なロゴス解釈については、たとえば Adam, J., "The Doctrine of the Logos in Heraclitus", *The Vitality of Platonism and Other Essays*, Cambridge, 1911, pp. 77 ff. を参照されたい。
（2）Burnet, J., *Early Greek Philosophy*, Cambridge, 1930⁴, p. 33, n. 1.
（3）Kirk, G. S., *Heraclitus The Cosmic Fragments*, 1962², p. 38.
（4）Fränkel, H., "A Thought Pattern in Heraclitus", *American Journal of Philology*, 59, 1938, pp. 309–337.
（5）Minar, Jr., E. L., "The Logos of Heraclitus", *Classical Philology*, 34, 1939, pp. 323–341.
（6）断片四・三、断片一七・二六、断片三五・二、断片一三一・四。
（7）Diels, H., *Herakleitos von Ephesos*, 1909², S. VI.
（8）こうした表現上の特質の分析に力点を置いたものに、Kahn, Ch., *The Art and Thought of Heraclitus*, Cambridge, 1979 がある。彼は、たとえば断片一一四について 'a complex literary structure elaborated by word play, phonetic resonance, and syntactical ambiguity' (p. 7) を指摘している。

解体する自然のさ中なる生
――エンペドクレスの「新断片」発見によせて

エンペドクレスの哲学詩を書写したパピュロス断片の存在が確認されたと報じられたのは、一九九五年のことだった。当のパピュロス(Pap. Strasb. gr. Inv. 1665–1666)の所在地はストラスブールの図書館。そして本年(一九九九年)のはじめ、解読の結果が公刊された。わずか数十行の断片的詩句ながら、この発見は、少なくともギリシア哲学史研究の上では、かなり大きなニュースであり、ヨーロッパ世界では、一般的にも話題となるようなできごとであった。これによって、古代ギリシア哲学の文献伝承の歴史は、およそ五〇年ほどさかのぼることになったからである。といっても、それの意味するところについては、多少の説明が必要であろう。

初期ギリシア哲学者に関する伝存資料を集成したディールス゠クランツの『ソクラテス以前期哲学者断片集』は、二冊の本編だけで九〇〇頁を越える大部の書物であり、そこに網羅されている「著作断片」を一見するかぎり、この時期の哲学者についても相当量の資料が残されているかにも思われよう。しかし、それらのほとんどすべてが、実はプラトン以降数百年間にわたる膨大なギリシア・ラテン著作のうちに、文字どおり「断片」的に引用された章句、あるいはときには引用章句とおぼしきものを拾い出して、編纂配列したものにほかならない。その事情は、身近な例に引きなおせば、(仮に『万葉集』のすべてが消滅したものとしたとき)日本の全古典作品に目を通して、そこになされている引用や本歌取りを寄せ集めて『万葉集』を復元しようとするのに似ているかもしれない。本書のためにディールスが博捜した古典語著作は、一〇〇〇を越える。

つまり、前四世紀に入ってから活動したプラトン以前の(したがって前五世紀以前にさかのぼる)、初期ギリシアにおける哲学的著作の直接的伝承(つまり当の作品の筆写本)は皆無にひとしいのである。わずかに、ソフィスト的な思想傾向を示す文書として、アンティポンの『真理論』からのパピュロス断片や、別の著作を伝える中世写本の裏面に筆写された、逸名著作家の手になる『両論』と呼ばれる小品などがあるにすぎない(ともにディールス＝クランツに収められている)。いずれも原作品は前五世紀末に書かれたもので、著作としての水準もけっして高くはない。――今回のエンペドクレス詩そのものを書写したパピュロス断片の発見は、前五世紀半ばの、しかも第一級の初期哲学者について、はじめてそうした状況を打破する画期的な意味をもっていたのである。

ちなみに、古代ギリシアの著作の伝承について、最小限に付言しておきたい。――当時の著作はパピュロス(カヤツリグサ科の植物)の繊維を編み固めた粗悪な素材に書き記されて流布していたから、その耐用年数には限度があった。それらはたまたま砂漠地帯のような乾燥したところに、しかも好条件下で埋蔵されたものが、近・現代の発掘で発見されて、ごくわずかに伝わるのみである。今回の発見もそれに当たる。紀元後に羊皮紙(パーチメント)が普及してからは、それに筆写されたものは相応に耐久性があったであろうが、さらにその頻度や良好な保存状態によって、活字本の出現する近世初頭まで伝存したもののみが、ようやく今日に残る幸運にめぐまれたにすぎない。伝承の過程で消失したものは、確実に九割を越えるであろうと考えられる。

＊

新発見の(といっても考古学的遺物としては、すでに一九〇五年にヨーロッパにもたらされていたのだが)エンペドクレス断片の出土地は上部ナイルのアクミム(パノポリス)の墓地、その筆写年代は、主としてその字体から、紀元後一世紀後半と推定されている。彼の哲学詩を書写したパピュロス巻子本が短い長さに切り分けられ、幾重にも折り畳まれて、埋葬遺体を荘厳する小さな花輪の芯材に転用されていたものだという。とすれば、エンペドクレスの詩は、こうした用途に合わせて特に選ばれたものかもしれない。宇宙的転変のさ中に置かれたわれわれ人間の魂の輪廻転生と、その輪からの離脱および天上の生への復帰をモチーフとする詩句は、いかにも葬送の具にふさわしい内容をなしているからである。

経年変化によって、復元パピュロスの現状は数十個の細片に分離しているが、それらをジグソー・パズル風に寄せ集めると、一定程度まとまりのあるテクストが浮かび上がってくる。わずかに一文字だけが判読される孤立した細片もあるが、二四片の集合からなる最大の復元部には、三〇行以上のおおむね解読可能な連続した詩行が含まれている。ほかにも、複数行にわたり相応に意味をなしたテクストが、少なくとも五個所復元されている。それらのうちには、間接的伝承によって従来から知られていた(したがって、ディールス＝クランツの「断片集」にも纂入されている)個所に対応する詩行もかなり含まれており、まさにそのために、これらがエンペドクレスの『自然について』と呼びなされている哲学詩の断片であることが確認されるのである。

特に新発見中の最大断片は、シンプリキオスの引用にもとづく最重要断片の一つである「断片一七」に連続するものであることが、ほぼ確実視されうる。しかもその欄外には「三〇〇行目」を意味する記号が付されていて、そのために、従来の「断片一七」は(第一巻の)二三三行目から二六六行目に相当し、つづく新断片は二六七行目から三〇〇行目にわたっていることまでも確認された。大きな偶然的僥倖と言うべきであろう。三五行にわたる既知の「断片一七」は、エンペドクレスの宇宙像の骨格部分を最も明瞭に語ったもので、

ここにわが語るは二重のこと――すなわち、あるときには多なるものから成長して
ただ一つのものとなり、あるときには逆に一つのものから多くのものへと分裂した。
死すべき者どもには二重の生成と消滅とがある。
すなわち一方では万物の「結合」が、ある種族を生んでまた滅ぼし、

他方では別の種族が、もの皆のふたたび「分離」するにつれ、はぐくまれてはまた飛散する。
そしてこれらは永遠に交替しつづけてやむことがない——（断片一七・一一—一六行）

とするユニークな円環(周期)をなす壮大な世界過程を担う諸原理が展開されている。ここに「万物」あるいは「もの皆」と言われているのは、「円環(周期)をなしつつ常に不動のものとしてある」(一三行)、いわゆる「四元(四要素)」にほかならない。それらが「火と水と土と空気の限りない高さ」(一八行)として、明瞭に列挙されるのも、現行の断片配列においては、この個所が最初である。寄せては返す波のように、ときに同じ詩句を反復しながら同じ論旨を重ねていく中で、新たな議論をふくらませていくエンペドクレスの叙述をよく示す「断片一七」は、これらの要素が「愛」と「争い」の対立原理の交代支配によって、「二重の生成と二重の消滅」を永遠に反復するさまを語りつつ、

いな、あるのはただこれら(四元)のみ、ただ互いに互いを駆け抜けては
時によってこのものとなり、またかのものとなるが、常にその性格は変わることがない。
（三四—三五行）

という詩句で途切れている。ストラスブール・パピュロスの最大断片には、ちょうどこの二行と

の対応を裏付けるわずかな文字列につづいて、およそ三〇行の新たな詩句が記されている。試みに、その冒頭の数行を訳出することが許されるならば――

されど、「愛」のもとでは、われわれは一なる宇宙秩序をなし、
「憎しみ《エクトラー》」のもとでは、ふたたび一なるものから分かれて多となる。
かつてあったもの、現にあるもの、後々あるだろうもののすべては、それら多なるものからなる。
すなわち樹々もそれらから生い出で、男らも、また女らも
獣らも、鳥たちも、水にはぐくまれる魚たちも、
さらには生命《いのち》長く、誉れいやまされる神々もしかり。
しかし「憎しみ」のもとでは、それらはたえず分散しつづけてやむことがない。

詩行は、さらに幾重にもうねりながら、「愛」と「憎しみ」が支配を交代するにつれて、一体的結合と多への分離を繰り返す「四元」のふるまいを描き重ねている。なるほど、決定的にエンペドクレス理解の変更を迫るほどの詩句はそこに見いだされないと言ってよかろう。しかし、新たに付け加えられた一連のパラグラフには、今を生きるわれわれは「憎しみ」(すなわち「争い」)の支配のもとに置かれていること、その中にあって人間をはじめとする多くの生物たちは、「愛」

の支配のわずかな「名残(λοιπά)」によって生をつなぎとめていることが、とりわけ「それらの子らの名残として生まれてあるかぎりのものたち」として、断片末尾に近い数行に、いっそうはっきりと歌われている。

そして、おそらくは、六五行以上にわたる連続したエンペドクレスの詩を、われわれが手にすることになったという事実自体に、それ以上の大きな意味があろう。この長さは、初期ギリシア哲学者たちから残された最大の著作断片をなすものである。これに匹敵するのはパルメニデスの哲学詩からの「断片八」であるが、それとて六一行にとどまる。パルメニデスの大断片には、(いささか無骨な)詩行に込められた比類のない緊密な論理と思考の力がみなぎっているとすれば、エンペドクレス断片には、哲学的洞察をまさに「詩」にまで高めている言葉自体の脈動する力と美しさが横溢している。しかも、さきに触れたように、叙述の反復的な積み重ねによって思想を展開していく彼のスタイルの特質は、これほどのスパンの中でこそ、はじめて鮮明に窺い知られるものである。詩人としての彼の力量は、すでに古代においても、キケロやハリカルナッソスのディオニュシオスなどが最大の賛辞を呈しているところであるが(31A25–26 DK)、あたかも永遠に回帰するその宇宙像をそのまま定着させたかにも思われる彼の詩行の本然は、ようやくここに垣間見られるようになったと言ってよかろう。

＊

もっとも、これらの詩行の復元は、しばしばごくわずかな文字数を手掛かりにして、数十文字からなる各行を推定したものであることに注意しなければなるまい。既知のエンペドクレス断片のみならず、シンプリキオスやプルタルコスをはじめとする古代の証言を総動員して、ときには一〇字以下の文字列から、行全体を推定復元していく編纂者の手順は、最も困難な謎解きにも似たスリリングな魅力に満ちている。

むろん、そうした作業が可能であるのは、作品が明確な韻律をともなう定型詩（叙事詩形式）であること、すでに記したように、エンペドクレスには同一詩行の反復が頻出すること、さらにはデータとしての引用にもとづく間接的伝承がおよそ四五〇行にものぼることなどによるものではある。事実、上に引いた数行は、ほぼすべてが「断片二一」七行目以下に酷似しており、最終行は「断片一七」六行目などの反復に近い。さらには、中間の四行分は、ほぼ正確に同一の引用が、実はすでにアリストテレスの著作中になされてもいた（『形而上学』B巻四章 1000a29–32）。あるいは、パピュロス復元のプロセスに即して言えば、アリストテレスの引用が欠損部の補塡を可能にしたのである。

しかも、そのことがさらに別の興味ある事態を明らかにしている。従来アリストテレスの引用は、（その酷似性のゆえに）「断片二一」七行目以下の異読として、いずれを採るべきかを巡って決着の付けようのない議論の的となってきた個所である。それぞれの校訂者が、最後的には主観的選択によって、困難な判定を下してきたが、およそ例外なく両者を同一断片と見ていた点に変わりはない。

しかし、この復元は同時に、すでに校訂者によって指摘されているように、アリストテレスの引用がそれとして正しいものであったこと、アリストテレスとシンプリキオスはそれぞれ別の詩行を引いていたことをも明るみに出す結果となった。そして、前者が依っていると見るべきこの新断片は、まさに『形而上学』の当該個所の議論にいっそう適切なコンテクストをなしているのである。やや煩瑣ながら、呼応する「断片二一」七行目以下を並列してみよう。

「憎《コトー》しみ」のもとでは、これらすべての形は分かれて離ればなれとなり、
「愛」のもとでは、これらのものは相集まって互いに求め合う。
まことにこれらのものから、かつてあったもの、現にあるもの、あるだろうもののすべては
　生ずるのだから。
すなわち樹々もそれらから生い出で、男らも、また女らも
獣らも、鳥たちも、水にはぐくまれる魚たちも、
さらには生命《いのち》長く、誉れいやまされる神々もしかり。
なぜなら、ただこれらのみがあるのであって、互いに互いを駆け抜けては
別の姿のものとなるのだから。混合はそれだけの変化をもたらす。

さきに引いた新断片冒頭部と対比するとき、両者はきわめてよく似た言葉を綴り合わせながら、それぞれ微妙に異なるニュアンスを湛えている。あるいはむしろ、もし一枚のコインの裏と表をまったく別物であるとするのであれば、それと同様に、これらの詩行は大きく相違している。すぐに気づかれるように、両断片の一―二行目はともに「憎しみ」と「愛」の作用を叙述しているが、その順序は入れかわっている。その結果、「断片一二」では中間の四行は、「愛」の支配下において四要素が「相集まって互いに求め合う」さまを語っていることになろう。引用の最終行にも「混合」という「愛」の作用が明示されているのもそれに符合する。しかし、アリストテレスが依拠したと推定される新断片の個所では「憎しみ」のふるまいが二行目に語られていて、同じ生き物たちの生成が、むしろ「憎しみ」の作用によるものとされている。最終行もまた、それが「憎しみ」のもとでの事態であることを念押ししているのである。

『形而上学』においてアリストテレスが中間の四行を引用した意図は、明らかに後者のコンテクストを前提しなければならない。四要素のいわば局所的な混合状態である人間をはじめとする諸生物は、「憎しみ」によって完全に四要素が分離した状態(全大地が砂漠化した海辺の情景を思い浮かべればよい)から「愛」の支配が強化されていく過程においても、それらの「混合」の結果として生じ、逆に完全な「愛」の支配によって、全世界が一個の球体(スパイロス)状の有機体(＝生物)と化した状態から、「憎しみ」による分離の過程においても、(事実上)形成される。それぞれの支配下に生ずる混合と分離の過程は、ただベクトルを異にするだけであり、あたかも一方は他方の過程を撮影したフィルムを逆転して末尾から冒頭へ向けて映し出したかのような様相を呈するはずである。「断片一七」と新断片における同詩行の意図的反復は、まさにその事態に対応している。しかし、当該個所におけるアリストテレスの狙いは、まさにその点を批判することにあった。すなわち、「(エンペドクレスは)「憎しみ」を消滅の原理としているが、それはまた「一」以外のものを生み出しているとも考えられる」(Ibid., 1000a26–28)というのである。したがって、アリストテレスによる引用は「憎しみ」によるスパイロスの解体過程における生物の生成を述べた個所でなければならず、新たなパピュロス断片こそが、それに対応するものにほかならないであろう。復元詩行は、アリストテレスによって、二重に正しさを保証されている。

以上のような結果は、ある意味で、エンペドクレス断片の校訂全般についての恰好のケース・スタディを提供しているとも言えよう。新発見の詩行は、ほかにも従来のテクスト・クリティークにいくつかの強力な要求を突きつけている。また、特定個所への影響にとどまらず、一般的に類似詩句への対処には、より周到な注意が必要とされることが、強く示唆されてもいる。従来の断片編纂においては、短い引用詩行の場合、類似的なものはもっぱら同一個所の異文と見なされ一方的な選択処理がなされることが多かった。しかし、それらが実は別個の引用である公算は少なくないのではないか(見やすい例をとれば、「断片二七」は明らかに二つの引用に分けられるべきである)。さらに、まったく同一詩行であっても、典拠を異にする可能性さえ無視できないであろう。やや楽観的な言い方をすれば、われわれに伝えられたエンペドクレス断片は、思いのほか多いのかもしれない。

＊

今一つの問題提起的な発見は、従来はエンペドクレスのもう一つの作品『浄め（カタルモイ）』からのものと目されてきた詩行が、新たな（『自然について』からの）断片の一つ（符号dがあたえられたもの）のうちに嵌入されるべき公算が、きわめて高い確度で浮かび上がってきたことである。「断片一三九」がそれである。ただし、これはもともと疑義をはらんだ個所であったことは事実である。ポルピュリオスからの引用にもとづく、ディールス＝クランツの提案を訳出して示すならば、

ああ、仮借なき死の日が、なぜその前にこの私を滅ぼしてくれなかったのか、
——唇に肉食らう、むごたらしい業をたくらむよりも前に！

とある。ただし、このテクストは不安定であり、ディールス＝クランツも暫定性を留保している。新断片中に見いだされた、（palaeography 的には）同一詩行と思われるものでは、二行目対応個所がかなり相違していて、

食を求め、爪により、むごたらしい業をたくらむよりも前に！

とする復元が提案されている。また、新断片(d)全体のコンテクストからすると、ここでの嗟嘆は、輪廻をさすらう人の身で「肉食らう」タブーを犯したことへの後悔ではなく、むしろ、かつて天上にあって「ダイモーン(神霊)」として至福の生を送っていたわれわれが、罪を得て地上に落とされたことを悔いているものと読むべきだとされる。しかし、とりあえずここでは、原文上の詳細には立ち入らない。ただ、エンペドクレスの二つの著作(と伝えられるもの)の間の関係に対して、この復元が投ずる大きな波紋のみに目を向けておこう。

以前から予測されないことではなかったが、それら二つの著作がこれによって一挙に交錯した様相を呈してきたことは、まず否定できまい。新断片は、単に「断片一三九」の位置変更を要求しているだけではない。従来のエンペドクレス理解においては、「ダイモーン(神霊)」の転落を語る多数の既知断片(「断片一一五」以下)は、ほぼ一致して、『浄め(カタルモイ)』の骨格部分に位置づけられてきた。しかし今や、「断片一三九」に連動してそれらが一体的に『自然について』のうちに移し替えられるべきことが、明瞭に示唆されているのである。他方では、さきに触れたように、エンペドクレスの『自然について』の「基本」構想が提示された「断片一七」より前に、すでに二〇〇行以上の詩行が展開されていたとすれば、彼のデモノロギーの全体が自然学的思想展開に先立つ「序詩」の一部をなしていたことすら、十分に想定されよう。

のみならず、これもすでに一部の解釈者たちによって主張されてきたように、むしろエンペドクレスの思想のすべてが単一の著作において語られていた可能性までが、大きな根拠を与えられたとしなければなるまい。実のところ、第二の著作『浄め（カタルモイ）』の存在は、伝承的には、きわめておぼろげな姿を残しているにすぎない。ディールス＝クランツでは、三五以上の断片がこれに属するものとされているが、伝承上の保証を得て、まぎれもなくそれと確定できる断片は一つだけ（「断片一一二」）、しかもディオゲネス・ラエルティオスがそう名指して引いているのは、その冒頭の二行だけでなのである。また、二つの著作名を列記しているかに見えるディオゲネスを含めて、『浄め（カタルモイ）』の名を挙げている古代の証言は、実際には、例外なく『自然について』の別称ないしその一部を指す呼称と解される余地を十分に残しているとも言わなければならない。あるいは、『浄め（カタルモイ）』なる著作は、彼において純然たる「自然（科）学者」を見てとろうとした、現代のギリシア哲学史家の多数が、軌を一にして彼らのエンペドクレス像から除去しようとしたものの集積のこしらえ上げた虚構にすぎないのかもしれない。

単一著作を前提とした断片の配列替えは、すでにC・オズボーンによって主唱され、実際にB・インウッドによる試案も提示されている。しかしそれはなお、おおむねのところ、従来二つの著作に別々に割り当てられていた「序詩」を一まとめする作業にとどまるものであった。むろん「断片一三九」はもとより、「デモノロギー」はすべて「浄め（カタルモイ）」のパートのうちに残されている。配列順の復元は、もし試みるのであれば、より大胆でなければなるまい。いずれにせよ、(他のところでも記したように)壮大な宇宙過程とそのうちなる諸事象を、より自然学的な態度で語った「自然について」の詩行と、不死なる魂の輪廻転生とその救済への希望を語ったより宗教的な「浄め(カタルモイ)」の詩行とは、エンペドクレスにおいて、本質的に相呼応し、深く関連し合っているはずである。それらが単一の著作をなすにせよ、別個の著作を構成するにせよ、究極のところで、一つの統一的思想を結んでいることは、およそ疑いえないであろう。

とはいえ、さらに言葉を重ねるならば、エンペドクレスの特異な著作スタイルを考慮に入れつつ、散乱した断片群のうちにその本姿を窺おうとするとき、原著作に即した復元は、しょせん空夢でしかないであろう。混沌を混沌の中へ押し返すことは無意味である。むしろ失われた原像を想像力の中でのみ繰り広げながら、ディールス＝クランツの試みたように、もっぱら思想的位相ごとに振り分けられた断片の一つ一つを周到に見つめなおしていく作業が、いっそう求められているようにも思われる。

本稿で取り上げたのは Martin, A. and Primavesi, O., *L'Empédocle de Strasbourg*, Berlin, New York, 1999. における報告である。また、それと相補的な Primavesi, O., "Editing Empedocles: Some Longstanding Problems Reconsidered in the Light of the Strasburg Papyrus" in: Burkert, W. (Hrsg.), *Fragmentsammlungen philosophischer Texte der Antike*, Göttingen, 1998. をも参照した。しかし、著者たちの復元作業の成果を尊重する意味から、新断片原文の訳出は必要最小限にと

どめてある。その他、文中において言及した著書・論文は以下のとおりである。

Diels, H. und Kranz, W. (Hrsg.), *Die Fragmente der Vorsokratiker*, 3Bde., Berlin, 1951–52^{6}.〔内山勝利（編・訳）『ソクラテス以前哲学者断片集』第I—V分冊および別冊、岩波書店刊、一九九六—九八年〕

Inwood, B., *The Poem of Empedocles*, Toronto, 1992.

Osborne, C., "Empedocles Recycled", *Classical Quarterly* 37, 1987, pp. 24–50.

IV

ギリシア哲学の周辺

西洋古典世界の植物相、あるいはJ・E・レイヴンのこと

ジョン・アール・レイヴン(一九一四―一九八〇)は、二〇世紀のケンブリッジ古典学の伝統を担ったギリシア学者の一人である。特に初期ギリシア哲学やプラトン研究にすぐれた著書、論文を残した。彼が同僚のG・S・カーク(一九二一―二〇〇三)と共同執筆した『ソクラテス以前の哲学者たち』は、その後の補訂と改訂をへて、いまもこの分野の研究の基底をなす、最も重要な文献の一つとなっている。カークがイオニア派の哲学者を、レイヴンが主としてイタリア派の哲学者を分担した。初版が出たのは一九五七年で、幾度も増刷を重ねたあと(この種の学術書としては異例に属することだが、総発行部数は八万を越えたという)、彼の没後間もない一九八三年に第二版が出た。この間、ピュタゴラスをはじめとするイタリア派の初期哲学者たちについての研究が大きく進み、解釈動向が激変したために、この部分の大幅改訂がとりわけ求められたが、そのための作業は、若い同僚M・スコフィールドの手に委ねられた。結果的に、レイヴンの執筆部分でほぼ元のままに残されたのは、アナクサゴラスの章とごく短いアルケラオスの章だけだと言っ

ていい。この第二版は、新たな研究成果を踏まえつつ全体を再整備して、より完成度の高いできばえを示している。

ここしばらく、本書の邦訳に携わってきた。先般それが京都大学学術出版会から刊行されたところである。といっても、ここではそれについて詳しく述べるつもりはない。眼目は、その邦訳のかたわら縷々知るに至ったレイヴンという古典学者の後半生における、やや異数の仕事にある。彼が先の著書の第二版改訂に直接携わることなく終わったのは、後年長らく病気がちで、しばしば極度の神経症に悩まされていたせいでもあるが、もう一つの大きな理由は、明らかに、当時彼の関心がまったく別の領域に向かっていたことにあった。いやそれ以前から、彼には植物愛好家、あるいはむしろ植物学者というもう一つの顔があった。偶然にすぎないだろうが、その方面での彼の最初のまとまった著述『山地の花』が、コリンズ社のシリーズ本の一冊として出たのは、『ソクラテス以前の哲学者たち』の出版の前年のことだった。彼はそれ以前からすでに新種や希少植物の発見や採集で広く知られ、専門誌への寄稿も少なくなかった。

古典学者としては、もとよりすぐれた資質を持ちながらも、あまりに過敏な神経による自己疑惑に苛まれつづけた彼は、しだいにこの分野での表立った活動から身を退いていく。五〇年代の初めに彼の講義に出席していたG・E・R・ロイド(同じケンブリッジの古典学者で、現在ニーダム研究所長)は、たとえば哲学史のクラスで、初期ギリシア哲学やプラトンについて、緻密な原典資料による裏付けをもとに、しかも活気ある語り方で学生たちの想像力とインスピレーションをかき立てる授業ぶりを懐かしさを込めて伝えている。印象深いこととして、彼の講義ノートにはさまざまな挿入や削除が重ねられた跡があり、また傍線その他の符号がびっしりと書き込まれていて、まるで演奏家の「楽譜を思わせる」ものだったという。それがきわめて綿密に準備されたものであることを示しているのは言うまでもないが、しかし、そこにはすでに当時のレイヴンの繊細な神経の波立ちが映し出されていたのかもしれない。ロイドは、彼の限られた研究成果の精緻さと堅実さを高く評価しつつも、「それからさまざまなことがあって」という字句を挿んで、こうつづけている。「彼が(この分野での最後の著書『プラトンの思想形成』を)著わした頃には、哲学的に高度に専門化された後期対話篇がプラトン研究の主流をなしはじめていたが、ジョンはそうした関心動向に共感を示すことができなかった」。彼はしばしば心身を病み、ときにはアルコールにひたる日々を送ったりもした。もっとも、ケンブリッジの学寮での活動には長くとどまっていたし、そこではなお教育にも学寮の運営にもすぐれた指導力を発揮しつづけ、異色の「よき大学人」として、周囲の人望も篤かった。そうした後半生において、もう一つの領域への情熱はいっそう高められていった。

彼の植物愛好は、司祭だった父チャールズの影響下に一家をあげての博物学趣味の中で育まれたものだったが、自然への耽溺は、一九五四年にケンブリッジ郊外の由緒ある「荘園」(Docwra's

Manor)を手に入れ、そこでフェイス夫人(旧姓スミス)との結婚生活を始めることでさらに深められた。夫人の生家は北スコットランド高地に広大な敷地と邸宅を有していたから、その地もまた彼の主要な活動の場となった。「荘園」は次々と愛する草花に占められていった。といっても、もっぱら植物学的コンセプトで営まれた庭園は、相当に珍奇な景観を呈していたようである。地中海性の植物も多く植栽されたが、それは必ずしも「本業」に直結していたからではなかった。温暖小雨の土地柄で水はけのいいアルカリ性の土質など、それらに適した条件にあったことが、むしろ大きな理由だった。むろん、それ以前から地中海域に自生する植物への関心は高く、たとえばトリニティ・カレッジのリサーチ・フェローとしてローマに滞在中の一九三〇年代終わりにも、また時折のギリシア旅行中にも、探査と採集に余念がなかった。

しかしボタニストとしての彼の名は、むしろ英国に自生する植物の生態に精通し、それらの発見や同定に長じていたことで広く知られていた。根っからの愛好家にのみ享有される野生の植性へのとびきり鋭い直観を彼は備えていた。谷越しに望む岩場や切り立った崖の様相を的確に読み取り、不思議な嗅覚で植物の所在を探し当てる能力は、野生植物の採集や探索を共にした友人たちの驚異の的だった。彼によって再発見され、記録にとどめられた英国の山野草の自生地はきわめて多数にのぼるとのことである。専門家たちの間でも「この国で希少植物を見たければ彼に聞くのが一番」と目されていた。そうして英国各地で探し当てた植物の自生地について、彼は、この上なく精確な情報を逐一カードにとって整理していた(あるいは古典学者の性癖がふとそこに顔を出しているのかもしれない)。生涯にわたって蓄積されたそれらのデータは「ジョンのカード式インデックス」として広く知られ、専門的な学協会によってその当時始められた国内の野生植物の調査においても、顕著な貢献を果たすこととなった。

また四〇年代末にはこんなできごともあった。当時ある高名な植物学者によって、それまで英国内では見られたことのない多種類の植物が、スコットランド北西部沖合の小島ラム(ヘブリデス諸島の一つ)で一時《いっとき》に「発見」されたのだが、それには多くの人たちが奇異の念を抱かざるをえなかった。レイヴンは自らその「発見地」に赴き、現地の状況調査を試みた。その結果報告はカレッジの図書館に寄託されただけで、詳細が公表されることはなかった(あるいはむしろ、公表が差し控えられた)が、その後いつの間にか、それらの(氷河期を生き延びたとされる)英国自生の新種植物群なるものは、ブリティッシュ・フローラの世界から立ち消えになってしまったのだった。今日では事の真相とその解明のためにレイヴンの果たした役割は、ペーパー・バックでも出ている『ラム島事件——植物学的詐欺行為の真相』(K. Sabbagh, *A Rum Affair. A True Story of Botanical Fraud*, 1999)で読むことができる。

それにしても、植物学者としてのレイヴンと古典学者としてのレイヴンとは、彼の一つの生を引き裂くようにしてせめぎ合っていたと言わざるを得ないだろう。しかしその二人のレイヴンに恰好の「共同作業」の場が一つあった。ギリシア・ローマの古典作品に現われる多数の植物の研究、特にその正確な分類学的同定の作業である。そのために必要な二つの領域への精通は、かつて古典著作に現われる鳥類と魚類について比類ない同定作業を成し遂げたダーシー・トムソンの例があるが、およそ稀にしか恵まれえない僥倖の賜物だった。当然それは彼に早くから意識されていた課題ではあったにちがいない。事実、彼は古典作品に見られる記述と現地での観察とのつき合わせから気づかされた事柄を多数のノートとして書きためていたし、すでにそれらのうち比較的早い時期のあるページには「古代ギリシアの植物学の歴史について、現存するギリシア文献に言及されている、およそ八〇〇種にのぼる植物の同定作業について、そして古代の著作においてそれらの植物に関して述べられている事柄の真偽について」一つの著作をまとめる計画を書き記していた。

その作業にやや具体的に着手されたのは、一九六九年に大学からサバティカルの休暇を与えられたときからだった。フェイス夫人によれば「彼の昔の幾冊ものノートを整備して、出版に適した形のものにしようとしたさいに、そこに横たわっている方法上の問題に注意を喚起されたのは、地中海性の植物相についてのさまざまな見解の食い違いに困惑した経験によって次第に意識されてのことだった、と思われる」。この休暇中最初にまとめられたのは『一植物学者の庭園』(*A Botanist's Garden*)という、これまた愛すべき小著(フェイス夫人による多数の植物写真入り)だったが、その間にも古代植物誌についての構想は徐々にではあるが熟していった。

その成果の一端が公開される機会は一九七六年にようやく訪れる。その年、恒例のJ・H・グレイ記念講演に招かれたレイヴンは、言わば満を持したかのように、「古代ギリシアの植物と植物知(Plants and Plant Lore in Ancient Greece)」を論題として取り上げ、通常の三回ではなく四回シリーズの話をした。しかし、これがそうした領域での彼の最初にして最後の発言の場ともなった。その後、彼はさらに急速に体力と気力を失いつつ、一九八〇年六五歳で他界する。古典植物誌についての膨大なノートは、未整理のままに残された。

＊

手許に、見るからに手に取りたくなるような、わずか一〇〇頁ばかりの瀟洒な本がある。そのタイトルも『古代ギリシアの植物と植物知』、二〇〇〇年の刊行である。言うまでもなく、レイヴン没後に公刊されたさきの講演の記録であり、それに彼が別の機会に行なった高山植物に関する講演その他の関連論考が併せて纏められている。緑色の表紙カバーの中央をメダリオン型に白抜きして、そこに真っ赤な花をつけたヒナゲシが図鑑風に緻密な筆で描かれている。レイヴン自身も終生そうした植物画を描きつづけ、しかもきわめて巧みであったが、これはアリス・リンゼル(一八七八―一九四八)という女性の手になるものである。彼女が実際にギリシア各地で写生した植物画は、他にも本書に数葉収載されている。アリスについては、後に触れる。

さて、主としてケンブリッジの古典学関係者を対象として行なわれたさきの講演会は、大好評を収めた。というよりも、会場にある種のセンセーショナルな興奮を巻き起こした。ホメロスに現われた植物から古代後期のディオスコリデスに列挙された薬用植物までを視野に収めながら、多数のトピックを取り上げた一連の講演は、彼の古典作品についての学識と地中海域の植物への精通の深さを改めて鮮明にするものであったが、それ以上に聴講者たちを驚かせたのは、その中で彼が取り上げた古典世界の植物の多くが、これまで誤認と混同にさらされてきたという事実を、きわめて具体的な例示によって指摘してみせたことである。その記録としての小さな書物は、したがって、けっして単にわれわれをアルカディアの野へと誘う古典植物案内にとどまるものではなく、むしろレイヴン特有の諧謔とアイロニーに満ちた古典学批判の書でもあったのである。

驚きは第一章（初日講演）の冒頭に始まる。ほとんど開口一番、彼は、古代植物名の同定について一般に通行しているドグマティズムを非難する。それはとりわけリデル＆スコットの『希英辞典』（すなわち、われわれが古代ギリシア語文献を読むさいの無上の拠り所）、そしてそれに収載された植物名項目の実質上の記述者であるW・シセルトン＝ダイヤー（一八四三―一九二八）にさし向けられている。ダイヤーは長くキューの王立植物園長の地位にあった人で、一九世紀末、二〇世紀初頭におけるイギリス植物学界のいわば大御所であった。古典および古典語にも精通していた。

レイヴンは言う。――たとえば、「アイギピュロス」という名で出てくる植物を、リデル＆スコットは「古代ハリモクシュク（rest-harrow, Ononis antiquorum）のこと」としていて、テオプラストス『植物誌』とテオクリトス『牧歌』の一節、そして碑文の一つを典拠として挙げているが、その内実はせいぜい(ハリモクシュクにはむしろ相応しくない)川辺に繁茂している植物の一つであることを示唆しているだけで、いずれもこの同定を裏付けするような記述にはまったくなっていないのではないか。しかも、それらの原典に付された、多かれ少なかれ後代の欄外ギリシア語注記を見ても、「トゲのある植物」以上のことはさして明らかでないばかりか「青灰色をしている」という一つの欄外注からすると、例えばエリンギウム(sea-holly, eryngium maritimum)のほうがずっとうまく古代の証言全体に適合するのではないか。

むろん彼は「アイギピュロス」なる植物が古代ハリモクシュクではなくてエリンギウムのことである、という訂正案をここで「断定的」に提示しているわけではない(ちなみに、リデル&スコットの最新の増補版(一九九六年)では、この項は「アザミに似た植物。σκόλυμος(キバナアザミ)のことか」と訂正されている。レイヴンの意見はほぼ容れられたと言えよう)。そもそも問題は個々の記述の誤りそのものにあるのではない。レイヴンが言いつのっているのは、リデル&スコットの(まさに「断定的」な)記述が実際にはきわめてあやふやな根拠にもとづいたものでしかないという事実であり、元をただせば、当の辞典が鵜呑みにしたW・シセルトン＝ダイヤーによる同定が、主要な典拠をなす個所の寄せ集めデータだけにもとづいた早計な(あるいは恣意的な)決めつけにすぎなかった、ということである。レイヴンはこう提言する。「わたしの忠言を聞くのであれば、以後はリデル&スコット中の植物名についての記載事項には一定の疑念をもちながら参照するべきです」。

事実上はダイヤー個人に対する彼のこうした判定には、きびしすぎる指弾だとする声も少なくない。この講演の草稿の整理に当たったW・T・スターンも、レイヴンの主張には公正を欠いているところがあることを認め(ダイヤーにはレイヴンの反権威主義を刺激するような側面があったことは否めないだろう)、またダイヤー以後の研究の進捗によって、古代植物の同定は彼の言うほどペシミスティックな状況にはないとも述べている。もとより、異論の余地なく(すなわちリデル&スコットの記述とも一致して)同定できる植物も多数ある。しかし、レイヴンの批判の趣旨は個々の同定の当否そのものよりも、むしろそのために従来行なわれてきた手続の不備をただすことである。彼が古典学者であるからには、一見奇妙なことだが、レイヴンは、彼らが行なっている文献記述本意の「あまりにも古典文献学的な」手法、あるいはそれのみによる断定に異を唱えているのである(一方で、拾われている用例が半数にも満たない、という不満もこぼしているが)。その点では、ダイヤー以降の研究者とて彼の目には同断である。

レイヴンの主唱する「方法」は必ずしも明確に述べられているわけではないが、彼が言わんとしているのは、こうした考察にさいしては、植物というものについての古代的状況、つまり植物をどのような態度と観点で捉え、どのような枠組で峻別し、(もし命名がなされたとすれば)どのような仕方で命名されていたのかといったことへの十分な顧慮が必要であり、またそうした意識のもとで文献に当たりつつ正しい答えを見いだすためには、地中海域の植物相について現地に即した知識に照らしてみる態度が援用されなければならない、ということであろう。やや具体的指摘を抜き出してみれば、アリストテレスに至るまでは「植物学」などというものはまったく存在しなかったという事態もその一つである。彼の弟子のテオプラストスによってようやく「分類」の意識が成立し、名称の確定が「学術的」になされはじめる。彼は「たいていの野生植物は名なしであり、それらについて知悉している人はわずかである」とも記している（『植物誌』第一巻第一四章四節）。とすれば、少なくともそれ以前には、多数の植物の呼称は多かれ少なかれ恣意的であっただろうし、それぞれの名称のもとにさまざまな植物が多様な括りで考えられていたのであろう。しかもその「分類」がリンネ的な科・属・種と対応するものであったとはとうてい考えられない。いくつかの古典文献に同名の植物が登場するとしても、それらがすべて同一種を指しているという保証は、さしあたりないことになる。

事実、「クロコス（クロッカス）」についてはダイヤーも（「暗黙のうちに」とレイヴンはコメントしているが）複数の種が含まれていることを認めているが、それはすなわち彼のリンネ的分類と命名に一対一対応させた同定作業全体を原理的に破綻させる事態にほかならないだろう。レイヴンの批判はそうした方法的基盤に向けられているのである。ついでながら、多種のクロコス（クロッカス）についてのダイヤーの同定はどうやら誤っていた。そのことを指摘したのは、さきに名前をあげることのあったアリス・リンゼルである。

第三章（三日目講演）でレイヴンが範とすべき先蹤者として言及しているこの女性は、ケンブリッジで古典学を学んだのち女子学寮の寮母として勤務しつつ、ほとんど自力で古典フローラの世界を開拓しつづけていた人である。詩集『牧歌』における多数の(正確な)植物記述に着目して「植物学者」テオクリトスを論じた論文(『ギリシアとローマ』誌、一九三七年)は、この詩人のすぐれた研究者で彼女の師でもあったA・ガウにも高く評価され、彼の『牧歌』注解書でも言及されている。リンゼルは古典を渉猟するとともに、機会あるごとに古代の著作家たちの縁《ゆかり》の地やそれぞれの作品の背景となったギリシア各地を旅し、その風土や地形、そして植物相をくわしく観察した。それらの知見を総合した同定作業こそ、レイヴンが理想とする「方法」であった。実際にリンゼルは、そうした観察にもとづくコメントをガウのもとに送り、彼のテオクリトス注解をただすことに貢献したのだった。彼女の没後、書きためられていた膨大なノートは、ギリシア現地で描かれた多数の植物写生画とともに、ガウを介してレイヴンに移譲された。また、少数ながら論文の執筆も試みられていた。

いま触れたテオクリトス論とともに、同書に収められている「ギリシアのクロコス(クロッカス)についてのノート」もその一つである。一九三七年に書かれたこの論文で、彼女は、古代の著作のさまざまな個所で「クロコス」という同一名称で呼ばれている花について、シセルトン＝ダイヤーの説を否定吟味しつつ、それぞれを、現代の地中海域に見られる、いわゆるサフラン(crocus sativus)を含む多種類のクロッカスのいずれと同定するべきか(いや、古典のある個所に登場する「クロコス」は、いずれのクロッカスでもなく、イヌクロッカス(colchicum)の一種であるとも言う)を、古典学的かつ植物学的に精緻に論じている。その議論の詳細にここで立ち入ることはしない。さしあたり一つの「事件」だけに触れておこう。この論文も、テオクリトス論と同様に、『ギリシアとローマ』誌のために書かれたのだが、しかし後者の掲載は拒否されたのだった。理由は、明らかに、当時なお古典世界のフローラにおいて不動の定説をなしていたダイヤーの同定に、真っ向から異を唱えたためであった(ある個所では、ダイヤーの明白な誤りに対して「まるでイギリスの森の中でオウムに出くわしたように驚いた」とも述べている)。

むろんリンゼルの見解もいまだ全面的に是認されているわけではない。レイヴンも講演の中で、彼女の個々の見解にはしばしば異議を申し立てている。ただし、その論調はシセルトン＝ダイヤーに対するときの手厳しい全否定ではない。『牧歌』の植物相についてリンゼルと異なった意見を提出するときにも、また「その一四〇〇年前に、テオクリトスと同じまなざしで植物を見ていたミノアの画家たちがいた」と記した彼女に語りかけるようにして、有名なクノッソスの神殿壁画やミノア期の壺絵に見られる何種類かの植物を同定していくときにも、彼の口調には、まさに同好者を見いだして我が意を得たと言わんばかりの、快活さと喜びがみなぎっている。

とはいえ、クノッソスのユリも、他の多数の古典植物とともに、なお最終的判定を待ちつつ同定の迷宮にとらわれたままであり、それらを導くアリアドネの赤い糸玉となるべき、二人の残した膨大なノートと資料も、いまはカレッジの図書館に眠ったままである。それらが文字どおり日の目を見るときはいつか来るのだろうか。

〔付記〕　文中に典拠を示さずに引用したロイド、フェイス夫人らの証言は、いずれも追悼論集 *John Raven by his Friends*, privately published by F. Raven, 1981 による。本書および『古代ギリシアの植物と植物知』の入手については大草輝政君(現・県立広島大学准教授)の手を煩せた。

失われたテクストを求めて

――V・ローゼのことなど

他の西欧諸国に先駆けて、一九世紀初頭までにいち早く大学のドラスティックな「近代化」を成し遂げ、はじめて基礎的学問研究を「制度」としてそこに位置づけたのはプロイセン・ドイツであった。そうした新たな動向の中で、人文学においては古典研究がその柱とされ、特にこの国においては、厳密な古典テクストの編纂、校訂の作業を旨とする「古典文献学」に特化した営為が、最も重要な学問として隆盛を見ることになる。その伝統を固めた人としてF・A・ヴォルフ(一七五九―一八二四)や、彼の弟子A・ベック(一七八五―一八六七)、K・ラッハマン(一七九三―一八五一)らが著名である。今日の『アリストテレス全集』の標準版となっている、ベルリン・アカデミー版のそれを編纂したA・I・ベッカー(一七八五―一八七一)もまたヴォルフの優れた弟子の一人であった。彼は一八一〇年にベルリン大学教授に就任するが、当初の一〇年余はその椅子を温めるいとまもなく、ヨーロッパ諸国を経巡って、古代ギリシア語文献の中世写本探訪の旅をつづけた。ベッカーが古写本を読み解く早業はまさに天才的で、アリストテレスの著作編纂に先立って手がけたプラトンでは、当時知られていた限りの一〇〇を越える写本のすべてを校合しつつ、精細な異読一覧(apparatus criticus)を付した校訂本をわずか数年間のうちに刊行している。その後この世紀を通じて相次いで諸家の手によってなされていくプラトンのテクストの原典批判的整備の確固たる基盤を整えたのは、彼のこの精力的な作業であった。

本巻*に収められたアリストテレスの逸失著作の痕跡をすぐれて網羅的に収集したV・ローゼ(一八二九—一九一六)は、彼らの次の世代に属する古典文献学者の一人で、主としてベルリンでベック、ラッハマンらの薫陶を受けた。ボンでは、のちにニーチェの古典文献学上の師となるF・W・リッチュル(一八〇六—一八七六)にも学んでいる。先達たちがいずれも強力に学界を牽引する熱烈な個性の持ち主であったのに対して、彼はもっぱら書物に囲まれた静穏な学究生活を好む人であった。一族から何代にもわたって高名な薬理学者や鉱物学者の輩出した家系に生まれ育ったことも関係していようか。彼は大学を終えると間もなくベルリンの王立図書館に職を得て、その後の生涯を図書館人として過ごしている。彼がライフ・ワークとして取り組んだのは、そこに収められた膨大な中世写本、中世文献を整理して、各写本の書誌的データとともにその内容や意義をたんねんに記述した総合カタログを作成することであった。作業はまさに最晩年までつづけられたが、その成果は、単なる蔵書目録ではなく、むしろ中世写本文献に関する「百科事典」と目するべきものと賞賛されている。

その間、いくつかの著作や古典作品の校訂とともに、とりわけアリストテレスの「断片集」をめぐる文献学的研究が息長くつづけられている。彼の最初の著書は、アリストテレスの著作目録として伝えられている諸資料を批判的に検討して、それらに列挙された著作の真偽を判定する作業であった(一八五四)。ディオゲネス・ラエルティオス、ヘシュキオス、そしてプトレマイオスの名によって、異同合わせて二〇〇を越えるアリストテレスの著作名が伝えられているが、ローゼはそれらの目録の伝承過程を詳しく解明して、(結論のみを記せば)彼が信を置くロドスのアンドロニコスの保証が得られるもの(すなわちベッカー版以来の『アリストテレス全集』の本体部分に近いもの)のみを真作と認定し、錯綜した目録の系譜を遡及すると、すべてがヘレニズム期の伝承の闇に紛れてしまうことをもって、余他はすべて偽作であると断定した。今日の目からはほとんど途方もない主張に思われるが、「疑わしきは容れず」が当時の古典文献学のモットーであり、そうした徹底的な「懐疑主義」が全般的な研究風土となっていたのである。ついで編まれたアリストテレスの著作断片とされるものやそれらについての古代の証言の集成(一八六三)を、彼が『アリストテレスの偽書』(*Aristoteles Pseudepigraphus*)と命名したのは、いわば当然のことであった。本書は、ベルリン・アカデミーが募集した「アリストテレス断片の完全な批判的集成」という懸賞課題に応じて纏められたもので、きわめて高い評価を得てその賞を受けている。

ちなみに、この頃リッチュルの下で「古典文献学者」への道を歩んでいた若きニーチェも、ローゼの「懐疑主義」的研究手法と議論に大きな影響を受けており、彼のこの分野での主要著作『ラエルティオス・ディオゲネスの資料』(一八六八―一八六九)および『ラエルティオス・ディオゲネスの資料研究と批判への寄与』(一八七〇)では、賛否こもごもながら、敬意ある態度で同じリッチュル門下の先輩の著書にしばしば言及している。

ローゼはその後も二度にわたって本書の大幅増補と改訂を行なっている(新版『アリストテレス全集』第一九巻「『著作断片集1』解説」参照)。そこでは'Pseudo-'の文字はタイトルから消えているが、彼自身の当初からの判断は終生変わることがなかった。ただし、晩年に至ってからの一八九一年のこと、エジプトの墳墓から発見されたとされる六本のパピルス巻子本のうちに記されていた文書の一つが**、アリストテレスの『アテナイ人の国制』であると判明したことが報じられ、同年、F・G・ケニヨン(一八六三—一九五二)の手によってこの著作のほぼ全体が日の目を見ることになるという学界の「大事件」が起こると、その事実は、さしものローゼの「厳格な」態度をも動かし、ディオゲネス・ラエルティオスの著作目録中の一四三番に当たる「一五八の国家の国制」のみは、唯一新たに真作に組み入れる判断を彼に促した、とのことである。

その後の研究動向の中では、彼の立場は容れられず、初期アリストテレスの「対話篇」をはじめ古来の著作目録に記載されたすべての書目がむしろ基本的に真作として位置づけ直され、特に「思想発展史」的な観点の導入によって、伝統的なアリストテレス像の大転換がはかられていく。そのさい、ローゼの成果が何よりも重要な契機となり原動力となったことは、歴史のアイロニーの一つと言わなければなるまい。

＊　後出「初出一覧」を参照。
＊＊　大英図書館の http://www.bl.uk/manuscripts/FullDisplay.aspx?ref=Papyrus_131 では、このパピルス全体を細部まで拡大して閲覧できる。

古代著作の再発見
——中世写本から古代パピルスへ

1　パピルス巻子本と羊皮紙冊子本

古代ギリシア・ローマの著作が書き記されたパピルス（パピュロス）は、同じ名の植物（大型のカヤツリグサの一種）の茎を薄く裂いて縦横に並べ、叩き固めて乾燥加工したものである。大きさはまちまちだが、標準的にはA４判程度の葉《よう》を何枚もつなぎ合わせて筆写用材とした（長さはしばしば一〇メートル以上に及んだ）。筆写し終えたものは絵巻物の要領で丸めて保管された（それぞれが文字どおりの「一巻」をなす）。むろん耐久性は低かったから、一般的には、おそらく二、三〇〇年に一度くらいは新たに書き写されることがなければ、著作は滅失するほかなかったに違いない。

紀元後の数世紀からは、（パピルスの折本・冊子本を経て）羊皮紙の冊子本《コデクス》が一般的になり（その普及には聖書の需要が大きな要因となった）、著作の寿命は大きく延ばされた。古代の作品の伝承は、古代末期・ビザンティン時代に、羊皮紙本に書き写されたかどうかが大きな岐路となった。今日伝存するもののほとんどは、その時代に修道院などで作成された筆写本(中世写本)がもとになっており、一五世紀末にグーテンベルクの活版印刷本が始まって、ようやく安定的な伝承ルートを得ることになった。近代の古典文献学とは、手短に言えば、エラスムス(一四六九―一五三六)らが始めた、伝存する中世写本を校合して活字本にする作業を精緻に方法化することであったと言ってよかろう。

中世写本の探索とその主だったものの校合は、ほぼ一九世紀半ばには終わった。伝来の有力写本の校訂作業が続くさなか、一八〇一年に鉱物学者のD・クラークが調査旅行中に、エーゲ海パトモス島のアポカリュプス派修道院で、プラトンの写本が床の上にぼろぼろになって転がっているのを発見するという偶然も生まれた。西欧世界に新たにもたらされたこの中世写本は、解読の結果、二〇〇を超える伝存プラトン写本の中でも最古(八九五年筆写)の、しかもきわめて優れたものであることが判明する。今日「B写本」(オックスフォード大学所蔵)と呼ばれているものがそれである。クラークの幸運は、少なくとも哲学関係の文献については、おそらく中世写本経由の正系伝承による最後の「奇跡」であろう。しかし、その後もいろいろなかたちで古典著作の「再発見」は続いている。

2　羊皮紙再利用本

その主要経路の一つが羊皮紙再利用本(パリンプセスト)の探査だった。羊皮紙は高価であったから、読まれなくなった古い写本を使い潰して、その上に別の文書を書き重ねることが中世の修道院などでしばしば行われた。その下層に押しやられたテクストがときに重要な古典作品であることは、すでに一七世紀末には気づかれていたが、一九世紀に入るとその本格的な調査とテクスト復元がなされ、やがて薬品や紫外線写真などの処理方法の開発により、判読はきわめて効果的に行われるようになった。

この方法で復元された哲学・思想分野の文献としては、アルキメデスの『方法』をまず挙げなければならないだろう。発見者はアルキメデス研究の第一人者J・L・ハイベルク。彼が、一九〇六年にイスタンブールでパリンプセストの調査中、積分法に近似した数学的解法の記述を含む、この最重要著作(および『浮体について』)の一〇世紀の写本(その上にキリスト教の祈禱文が重ね書きされていた)に行き当たったのだった。テクストは〇七年に公表され、むろん今日では『アルキメデス全集』に収められている。

3 『アテナイ人の国制』の発見

一八七九年にベルリンのエジプト博物館が入手した二つのパピルス片(ベルリン・パピルス。冊子本型パピルスのうちの二葉で、ファイユーム出土)に記されていた文書が、アリストテレス『アテナイ人の国制』の一部であることを、T・ベルクが確認したのは、八一年のことだった。

次いで九〇年には、大英博物館所蔵パピルスの一本(ロンドン・パピルス。Pap. Lond. 131)がその同じ著作をほぼ完全に収めたものであることがF・G・ケニヨンによって確認される。アリストテレスが政治学関係資料として一五八か国の国制史を編纂したことは古来知られていたが、そのなかでもとりわけ注目すべきアテナイ国制史(彼自身によって書かれたものと考えられている)の発見は、当然ながら、ほとんどセンセーショナルなまでの反響を巻き起こした。そして、それは、古典文献の調査対象が中世写本からパピルスへと遡及したことを明確に示す出来事でもあった。むろん、伝承の歴史が一挙に拡張されたことをも意味する。前述のベルリン・パピルスは後二世紀のものと推定されているし、ロンドン・パピルスの『アテナイ人の国制』は、ウェスパシアヌス帝の治世一〇年目と一一年目(後七七/七八、七八/七九年)の会計簿の裏面(verso)を転用したものであることから、やはり二世紀初頭までに筆写されたと考えられている。

4　エジプトは残存パピルスの宝庫

パピルスは本来脆弱な素材である。しかし、それがなんらかの事情で比較的乾燥した土中などに埋蔵された場合には、劣化をこうむりつつも意外に長期間ある程度の原形をとどめることも事実である。とくに長らく古典文化伝承の中心地でもあったエジプトの砂漠地帯などは、格好の「保存場所」となった。(ロンドン・パピルスの出土地は明らかにされていないが)『アテナイ人の国制』もその地からもたらされたものであろう。一九世紀のエジプトや中近東は考古学的発掘ブームの中にあったから、その「副産物」として、ほとんど無数のパピルス片が発見された。有名なものにオクシュリュンコス発掘のパピルス群がある。ナイル・デルタのやや上流にあるこの町でB・P・グレンフェルとA・S・ハントが一八九七年からおよそ一〇年間行った調査と発掘によって膨大な成果がもたらされた後も、「発見」は長く続いた。それらに含まれていた文書で最も有名なものは、逸名著作家の『ギリシア史』の一部(前五世紀末から前四世紀初めの歴史が記述されている)であろう。ほかにソフィストのアンティポンの比較的大きな断片四四やクリティアス断片の一つ(断片一五a)などもそれから復元されているし、プラトン断片が最近の校訂に参照されている場合も少なくない。

エジプト出土パピルスのうち「哲学的」にとくに興味深いものの一つは、一九〇一年にベルリン博物館がカイロで入手した、長さ六メートルに及ぶ大断片(Pap. Berol. 9782)で、それには逸名著作家によるプラトン『テアイテトス』([158E]まで)への注解が記されていた。年代は後二世紀前半、まさにプラトン哲学復興の時期の所産であり、その著者はH・ディールスによってガイオス(当時のアカデメイア有力学員)の弟子の一人、したがってアルビノスらと同時期の「中期プラトン主義者」の一人と推定されている。これは、今日あらためて見直されてよい文献の一つではないだろうか。

また、ツタンカーメン王墓の発掘に加わったことでも知られるF・ピートリーが一九世紀末にファイユームで発掘したパピルス群(Flinders Petrie Pap.)には、わずか数頁分ながらプラトンの

『パイドン』や『パイドロス』の断片が含まれていた。それがとりわけ注目されるのは、筆写年代が前三世紀初頭にまで遡るもの、つまりプラトン没後わずか数十年のうちに作成されたものと推定されるからである。写本としては、かなり粗雑な流布本の一部と見られ、校訂材料としての積極的役割は些少だが、後代の伝承が大筋において原文を正しく伝えていることを著者自身の年代に近いところで再確認できる意味は大きい。

5　ヘルクラネウムで見つかった古代の書庫

エジプト以外の地からの出土も多い。たとえば、イタリアのナポリ近郊のヘルクラネウムでは驚くべき発見があった。ローマ貴族のリゾート地だったこの町は、後七九年のウェスウィウス(ヴェズヴィオ)火山の大噴火によって、ポンペイと同じ運命を辿ったのだが、一八世紀半ばから始まった発掘により、膨大なパピルスを蔵した書庫がそっくり見つかったことで、一挙に注目を浴びることとなった。その所有者は当時のローマで人気を博していたエピクロス思想の信奉者だったらしく(有名な政治家ピソのウィラとする説が有力)、数百巻の蔵書の多くは同時代のエピキュリアン、ガダラのピロデモスの著作をはじめとする同学派関連の文書だった(文藝著作でなかったことは、古典学者たちを落胆させたようだが)。むろん炭化状態のはなはだしいパピルスの処理は困難をきわめ、本格的な解読が始まったのは処理技術の進歩した二〇世紀に入ってからのことだった。作業は今日もなお続けられ、新たなテクストの復活に貢献している。

6　エンペドクレスの新断片

二〇世紀後半になってからの「再発見」としてとくに注目されている思想関連文献が二つある。その一つは、エンペドクレスの詩のパピルス断片である(ストラスブール・パピルス。ストラスブール図書館所蔵の Pap. Strasb. gr. Inv. 1665–1666)。ヨーロッパにもたらされたのは一九〇五年だったが、その内容がA・マルティンおよびO・プリマヴェージによって確認されたのは九五年になってからのことだった。出土地はナイル中流部のアクミム(パノポリス)の墓地、筆写年代は後一世紀後半に比定されている。彼の哲学詩を書写したパピルスが短く切り分けられ、幾重にも折り畳まれて埋葬遺体を荘厳する花輪の芯材に転用された状態での発見だった。

パピルスの現状は分離した数十の細片でしかなかったが、それらの画像をコンピュータ画面上でジグソー・パズルのように寄せ集めるという新たな方法で、いくつかのまとまった詩行を浮かび上がらせることができた。それらのうちには、三〇行以上に及ぶ、おおむね解読可能な連続した新発見詩行も含まれていた。いまだなおその資料評価に揺らぎはあるものの、初期ギリシア哲学に関わる最大級の発見であることは間違いあるまい。ともあれ、これがその分野において回復された唯一の「直接資料」である。どの初期哲学者のものであれ、従来のすべての「著作断片」は、プラトン以降のさまざまな著作家たちによる間接的な「引用断片」でしかなかったのである。

7　オルペウス教『神統記』

これと並ぶ最近の大きな収穫が、一九六二年に北ギリシアのテッサロニキ北郊にある村、デルヴェニの古墳墓群(前四世紀)の一画からもたらされた。このデルヴェニ・パピルスに記されていたのは、オルペウス教の『神統記』を引用しつつ、その儀礼や教義についての解釈と批判を内容とする、まったく新発見の「著作」であった。巻子状《かんすじょう》のまま焼け焦げた状態で(火葬儀礼にさいして点火のために用いられたのではないかとも考えられている)、全体の上部およそ三分の一が炭化して残っていた。地元テッサロニキ大学のツァンツァノグルー教授らにより、解体して得られた約二〇〇の小片が解読された結果、二六欄(各欄は約一五行のテクストを記載)が復元された。むろん破断による欠損部も多く、欄によってはわずかな文字が判読されるだけで、完結した単語としての読み取りさえ不可能な場合もある。しかし、その著作年代は、文体的にも状況証拠的にも、前四〇〇年前後に比定され(したがって、そこに引用されているオルペウス教『神統記』は確実に前五世紀に遡る)、まぎれもなくプラトンに先立つ時代の、初期ギリシア哲学関係の重要資料に新しい「著作」を付け加えたものとして、きわめて大きな価値が認められよう。

これだけのまとまりのある作品だけに、一九八二年にテッサロニキ大学グループによって暫定的な解読結果が公表された当初から著者の同定にも関心が及び、当時のオルペウス教徒の一人で、哲学にも精通したイオニア系の人物が想定されたり、あるいは(さらに具体的に)タソスのステシンブロトス、あるいはプラトンの対話篇にも登場するエウテュプロンなどの名前も候補に挙げられている。このパピルスが、五一年にオルビア(黒海北岸)で発見された骨片板や、七四年にヒッポニオン(南イタリア)で発見された黄金板に記されたわずかな語句(むろんこれらもきわめて重要な新しい発見に数えることができる)とともに、教典の古層を示唆するものとして注目を浴びているのは、当然のことである。

8　新発見はなおありうるか

こうした新発見への夢はさらに将来につなぐことが許されるだろうか。古代の著作で伝存するものは、おそらく数パーセントに満たないであろう。一〇〇を超える作品がすべて散佚した著作家も少なくない。ということは、九〇パーセント以上の著作が伝承の過程で埋もれたことになる以上、かえってそのいくつかは、たとえ断片のかたちではあれ、再発見の可能性はけっしてなしとしないのではないか。途方もないことながら、たとえば、六〇以上の著作名が伝えられながら、今日わずかな引用語句しか残されていないデモクリトスのパピルスがエジプトの砂漠に眠っていることを夢想してはいけないだろうか。ナイル・デルタの町メンデスは、古代原子論の伝統が長く継承された地であったし、後一世紀にプラトンの全著作を「四部作集」に再編纂したトラシュロスは、デモクリトスの著作にも精通しており、彼の全著作をも同じ仕方で「記載した」と伝えられている。少なくともこの時代までは、相当数のものが伝存していたことはまぎれもない事実であるとすれば……。

連作短歌調『イリアス』
——ホメロス定型訳の試み

こんな試みがパイディアー(たわむれ)の極みとは重々承知のつもりである。

きっかけは、よほど前のことだった。所属は哲学科とはいえギリシアを専攻しているからには、『イリアス』の一巻くらいは暗誦してみようと(柄にもなく)努力したのは、さらに前の、まだ学生のころだが、一〇〇行くらいはその名残としていまだに唱えられないではない。寝つきの悪いときなどに、しばしばそれを繰り返していたものだったが、いつのころからか、ホメロスを詩として訳すなら、西洋風の定型詩よりも日本の伝統詩型に置き換えたほうが、ヘクサメトロンの気分をまだしも出せるように思ってきた。ギリシア詩の基本は音韻よりも韻数律である。むろん、格段新しい思いつきではなかろう。

すでに戦前から土井晩翠による『イリアス』『オデュッセイア』定型全訳という途方もない前例がある。全体として正確に大意を尽くしながら、各行対応という原則を通し、両詩それぞれ一万数千行がそのまま日本語に表わされている。もっとも、正直に言えば、晩翠訳はけっして取り付きやすくはなかった。まず第一に、もっぱら漢語（と言うよりも、漢字）についての無教養に災いされて、せっかくの定型が定型の読みとしてスムーズに辿れないせいもある。今となれば、登場人物や神々の仮名表記も英語発音経由が気になる。そんなことも含めて、かなりの慣れは必要であるが、いったん調子に乗れれば、相当のスピードとリズム感で読書は進む。半日で『イリアス』なり『オデュッセイア』なりを読み了えられるというのは、それ自体が大きな魅力だろう。だから、たとえば松平訳（岩波文庫）の出た今日でも、これはなお全く無用としないと思う。その『イリアス』冒頭部を引いてみよう。

神女よ歌へ、アキリュウス・ペーレーデース凄まじく
燃やせる瞋恚《しんい》――その果《はて》はアカイア軍におほいなる
禍来たし、勇士らの猛き魂《たましい》冥王に
投じ、彼らの屍《しかばね》を野犬野鳥の餌《え》と為せし
すごき瞋恚を（斯くありてヂュウスの神意満たされき）
アートレ，デース、民の王……

彼は原詩一行に七音五音の組み合わせ二回をあてた。各行二四音（字）である。ヘクサメトロンの一行は、モデル的には、〈長・短・短〉の三音節のセットを六回繰り返して成っている。かり

に長音を短音(単位音)二つ分と見做せば、これも二四音である。晩翠は、まさにそれを意識して、「七、五、七、五(私の青年時代の作『万里長城歌』の如き)を一行として原詩の一行に対し、原詩と同じ行数一万五千余行に訳了した」(『イーリアス』序)。さしあたりの「単位音」数では、両者は見事に対応していることになる。

しかし、これも正直に言うと、七五調のリズムはホメロスには少し軽く流れすぎるように思われる。晩翠訳でも『オデュッセイア』のほうがしっくり来やすいのはそのためだろう。七五調の軽快感は、たとえば一眼巨人のポリュペモスのエピソードをはじめとして、オデュッセウスが語る漂流譚のくだりでは、とりわけ効果的である。しかし『イリアス』にはどうしてもそぐわない印象が残る。できることなら、ほの暗さを帯びた五七調が望ましかったと思う。それはまた、古来の「長歌」の形式に対応するものでもある。

それで、いつのころからか、寝しなななどにうろ覚えのホメロスを思い出しながら、五七調に訳してみることがあった。むろん思うようにはできなかったが、それ以上に、五七調を二度重ねた二四音の繰り返しでも、ヘクサメトロンに較べるとなお単調で軽やかにすぎる気がしてならなかった。以下は冒頭部の試訳である。

怒りをば歌え、女神よ、ペレウスが子のアキレウスの、
呪われの怒りや、あまたアカイアの者ら苦しめ

勇者らの雄々しき霊《たま》をハデスへと追いやりしもの、
屍《しかばね》はなべての犬や鳥どもの餌食となせり、
その間《ま》にや、ゼウスの意思は、思うまま遂げられてける、
そも初めより歌うべし、……

ヘクサメトロンの各行には、カエスーラという音読上の切れ目があって、ほぼ上の句と下の句とも言うべきものに区分される。それは行の真ん中ではなく、短音一つか二つ分前にずれていて、それによってシンメトリーが精妙に破られている。後半部がわずかに長く、それをやや引きずるようにしながら次行へ移っていくことで生ずる高貴な荘重さが、単調な五七調の繰り返しではどうしても出ないのではないか。

それに、二四音で何とかやっていけないことはないが、やはり苦しい。いつもせいいっぱいに表現の寸を詰めるしかないが、そうなると、ヘクサメトロンの滔々たる音の流れに較べて、いかにも運びがあわただしい。

その後に七音を加えて、三十一文字の連作短歌調にしてみたらどうか、と思いついたのは、そういう経緯の揚げ句だった。晩翠もやり遂げている以上、二四音対応も挑発的な課題だったが、彼の訳詩には、当然ながら、省略要素も多い。さもなければ、とても各行への必要十分な対応の進行はむりだ。それに、登場人物名もできることなら音引きを入れた表記のほうが、原詩の感覚

は残しやすい。七音の追加はそうした要求をよほど自在に容れてくれる。

やはり、同じ(とは言えない)二四音にしても、ギリシア語の音節と日本語の仮名文字一つでは、各音の担いうる表現量とでも言うべきものに違いがあるのだ。想定された数え方では、分かりやすく固有名詞で比較してみると、たとえば、「ゼウス」は三音であるが、Zeus は二音(むろん長音は二倍に数えてだが)、「アガメムノーン」は七音であるが、Agamemnôn は六音に算定される。彼の妻の「クリュタイメーストラー」の場合には、仮名表記では一〇(ないし一一)音分だが、Krytaimêstrâ は七音分でしかない。詳細は省くが、音節本位の数え方と仮名文字数では、かくのごとく、対等の太刀打ちはそもそも不可能なのである。その意味では若干の字数増加は(ゲームのルールとしても)許容の範囲だろう。

三十一文字への切り替えは、予想以上に効果的に制約を緩和してくれた。一行二四字では捨てるしかなかった修飾語やニュアンスも、よほど自由に盛り込めるようになった。基本的に原詩に言われているものを残さず訳文に移して、いわゆる忠実な訳を作ることが可能になった。むろん各行対応が原則で、どんな場合でも原詩のピリオドあるいはセミコロンをまたいだ崩し方はしないこととする。経験則的に言うと、むしろ三十一文字はやや多すぎるかもしれない。ほとんどすべての行で、わずかな工夫をすれば、字数の不足を覚えることはまずなかった。かえって数十行に一度くらいは音数を余して、あらずもがなの字句をわざわざ附加したこともあるくらいだった。

なお、蛇足ながら、訳詩にはところどころに一行で完結せずに次行に渡ったり、逆に行の中途にフル・ストップ(句点)が入り、後半は次行にかかっていくケースも見られようが、これまた原詩の構文に従ったものである。読み方としては、意味の区切り(あるいは句読点)よりも、もっぱら五七調のリズムに従っていただくことをあてにしている。

むろん、はじめはまったくのおあそびで、一〇行ばかり試してみようとしただけだった。しかし、手を付けてみると、意外なほどスムーズに行くことが分かった。そうなると面白さも加わって、三〇行、五〇行と進んでいった。間をおいて雑記帳に書き散らしていったものが、いつしか一〇〇行を超えた。さすがにそのあたりでいったんは止めにして、長らく放っておいた。やれないことはない、というメドを立てるにはこれくらいで十分だろう。同じ手の遊びでは、むしろアナクレオンテアやエレゲイアに興味が移っていった時期もある。

しかし最近、ふとしたはずみで、いっそのこと一巻ぐらいはやり通してみるかと思い立った。始めてみれば、ひと夏のつれづれを満たすほどもなく、第一歌六一一行は完了した。歌としては稚拙のかぎりであるが、関心は、ともかく連作短歌という形式がヘクサメトロンのリズム感と気分を、たとえそこはかとなくという程度になりと伝えうるものかどうか、ということにある。自画自賛するならば、存外悪くないという印象を持っている。少なくとも、土井晩翠の七五調よりも、形としてはすぐれているように思われてならない。難を言えば、これはこれでやや重すぎるかもしれない。はたして、客観的にはどう映るだろうか。冒頭部サンプルは以下のとおりである。

怒りをば歌い伝えよ、女神《ひめがみ》よ、ペーレウスが子アキㇽレウスの、
呪われのかの怒りこそ、数知れぬアカイア勢を苦しめしもの、
勇者らのあまたすぐれし魂《プシューケー》をハデスの下に追いやりしもの、
残されし屍《かばね》はなべての犬どもや鳥の類《うから》の餌食となせり、
その間《ま》にや、ゼウスの意思は、かの神の思いのままに遂げられてける、
そも初めより歌うべし、民統べるアトレウスが子とアキレウスとの、
いさかいて二人互いに対峙せる、その争いの始まりしより。
さればいざ、いずれの神か、両雄を憤りもて争わせしや。
レートーとゼウスが御子にほかならず。かの神、王に憤りして、
軍勢に悪しき病を送り付け、兵らは病みて倒れゆきけり。
そのゆえは、神官たりしクリューセースを、アガメムノーンの侮辱しければ。
彼、すなわち、アカイア勢の快速の船を目指して歩み行きつつ、
限りなきほどの貢物《みつぎ》を携えて、娘の身をば贖わんとて、
手にせるは黄金の錫杖《つえ》、遠矢射るアポローンの房毛《しるし》高く結びて、
………

乱舞する言葉の群

ギリシア喜劇の上演は、三〇年ほど前にアテネのヘロデス・アッティコス劇場で『蜂』を一度見たことがあるだけだが、どうも悲劇ほどには気が乗らなかった。にぎやかな歌と踊りがふんだんに取り入れられた舞台は、新作のミュージカルさながらだったが、そのことにさほど強引な脚色という違和感は覚えなかった。作品がそういう演出をごく自然に促すような、ある意味での「現代性」が喜劇にはもともとあるのだろう。まぎれもなく、それらは当時の日常の時空を舞台に載せたものだったのだ。しかし、かえってそのことが、喜劇を楽しむことをむずかしくしているように思われる。現代ギリシア語によるセリフを追いかけられないのは、多くのバルバロイ(非ギリシア人)にとってはやむを得ないことであるが、深い象徴性を漂わせて舞台が夢幻世界と化す悲劇の場合とは違って、喜劇ではそれが決定的な制約になってしまう。あからさまに尾籠猥《びろうわい》雑《ざつ》な身体的表現は、そのまま今日の舞台に乗せるわけにはいかないとなれば、激しく飛び交う言葉の聞き取りを抜きにして観劇が成り立たないのは、むしろ当然かもしれない。

逆に、レーゼドラマとしての面白さは格別である。特に古喜劇(伝存作品としてはアリストパネスだけだが)の場合、小気味のいい悪口雑言にからめて語呂合わせや地口《じぐち》めいたセリフが頻発し、しかもそれらが当時のアテナイ社会だけに知られていた事柄への当てこすりだったりすることが多いから、邦訳は大変だろうし、読者としてもたえず注解をにらみながらでなくては前に進みにくいが、それでもその煩雑さが少しも興をそぐことにはならない。たとえ特定人物を当てこすったゴシップのたぐいでも、けっしてその場限りで失速することなく、むしろ古代のディオニュソス劇場の観客が感じたのと同じおかしさを、われわれも共有しているような気がしてくるほどである。

さしあたり『蜂』の「プロロゴス」から些細な場面を引いてみよう。二人の召使いが徹夜の見張りをさせられ、つい眠気に襲われてそれぞれに夢を見る。ソシアスの見た夢はより途方もないもので、突如として民会場に鯨が現われて演説をはじめたり、秤を取り出して「デーモス」(ここにもアクセントの違いだけで「牛脂」と「民衆」の意が掛けられている)を量ったりするというイマジネーションにも驚嘆させられるが、それはむろんアテナイの現実政治に対する「時局評」を仮託したものにほかならない。その意味では、時代が移ればたちまち触発力は風化してしまいそうなものだが、その「夢解き」が時の権力者を当てこすっていることさえ感知できれば、仮に「何もかも呑み込む鯨」とは民衆煽動家クレオンのことだと特定できなくても、クレオンがどんな人物だったかを知らなくとも、イメージとイメージを語る言葉の鮮烈さによって、その作為された夢は、はるかに遠い後の時代のわれわれの想像力にも直に訴える、いわば普遍的な文学性を十二分に持ち得ているのである。ほとんどシュールな美を湛えたその夢の光景は、次のようにつづく（引用は『ギリシア喜劇全集』第二巻、岩波書店、中務哲郎訳に準拠）。


ソーシアース　鯨の側《そば》には烏（ko*r*ax）の頭をした、
テオーロス（Theō*r*os）が地べたに坐っていた。

その時アルキビアデースが、舌足らずの発音で俺にこう言った、

「見てご覧《だん》、テオーロス（Theō*l*os）の頭は太鼓持ち（ko*l*ax）の頭だ」と。

クサンティアース　アルキビアデースめ、舌足らずで真理を言い当てておった。（四二一―六行）

このあたりの委細は理解にやや手こずるかもしれない。「テオーロス」がクレオンの腰巾着で、たえずアリストパネスの悪口を浴びているいかがわしい人物であることを抜きにしては、アルキビアデスの言い当てた「真理」なるものがすんなりとは分かりにくいだろう。またこの喜劇の上演当時（前四二二年頃）のアルキビアデスは二〇代の後半で、端麗な容姿と傑出した才知で全アテナイ市民の輿《よ》望《ぼう》を担い始めた時期にあったことを踏まえておくと、彼の舌足らず（彼の場合、それすら人を惹きつける魅力の一つに数えられていた）のせいでrもlに聞こえてしまうために、「烏（ko*r*ax）の頭」が「太鼓持ち（ko*l*ax）の頭」に転じてしまう地口の奥行きがさらに深いものに

なるのはたしかである。とはいえ、全編にわたってたえず繰り出されるこうした言葉遊びと毒舌のない交ぜに追い回されているうちに、いつしかわれわれは、細かな「注解」的詮索などさしおいてでも、セリフの洪水におぼれるようにして、そのドラマ世界の中に取り込まれてしまう。アリストパネス劇においては、途方もないほどの言葉の群によって日常性が幻想に変えられている。

喜劇の起源に結びつくものとして、田舎のディオニュシア祭におけるコーモス(祭礼行列)の陽気な乱痴気騒ぎがあったと言われる。行列は巨大なファロス(パッロス)をかつぎまわり、猥雑な歌を唄い、罵詈雑言を村人たちに浴びせて歩いた。それがどのようにアッティカ古喜劇へと発展したのかを具体的に辿ることはむずかしいが、その最終形態として現存するアリストパネス劇がなお悪魔払いの儀礼としてのコーモスを舞台にのせていることは明らかである。ただし彼は、彼自身を代理する登場人物の口から、自分の喜劇ではお定まりの身体動作を極力減らし、無意味な決まり文句の反復を排除したことを繰り返し述べさせている。実際にはそれらの要素を抜きにしては古喜劇は成り立たず、アリストパネスにおいても依然としてファロスもスカトロジーもふんだんに現われはするのだが、なるほど彼は、ファロスをかつぎまわるようにして、たえず過剰な言葉を舞台一面にぶちまけ、言葉を乱舞させることで、それらの存在を稀薄なものにしてしまっているのである。

言い換えれば、アリストパネス劇の言葉は身体表現の化身なのである。そこではすべての言葉は身体的なものに結びつき、すべての意味は身体的なものを指示している。あるいは、そこに語られる言葉のすべては、理性の回路に制御されることなく、身体そのものから直接発話されている(実際、喜劇の舞台では放屁もしばしばセリフと等質化され、一つに折り合わされているではないか)。逐一のセリフのやりとりは惜しげもなく使い捨てにされ、意味としての重みを剝奪された言葉の意図的空転がドラマを動かすことはけっしてない。言葉は、空しく振り回される棒切れのように、登場人物の動きについて歩くだけで大わらわである。われわれが彼のドラマを「読み」進めるとき、かえってたえず激しい身体運動を意識させられるのはそのためである。

一九世紀の歴史家J・ブルクハルトのつねに的確な論調は喜劇を語ってもひどく生真面目であるが、彼が『ギリシア文化史』において次のように指摘しているのは、アリストパネスの言語に同じようなマチエールを見ていたからではないだろうか。

このような非合理的人物たちの上に「陰謀」というものを築くことのできないのは当然のことである。彼らはおそろしく戯画的に誇張されているから、元来まったく直接的にしか行動できないのであり、一切を粉々に打ち砕き、場合によってはソクラテスの思考店に放火することもある。秘密というものは彼らのうちにはないのである。彼らはその表情を変えることなく、初めから何もかもべらべら喋ってしまう。(第七章四節8、新井靖一訳)

アリストパネスの厖大な言葉の羅列のうちに彼の「思想」を探ることは、おそらく無益だろう。

とりわけ初期の『アカルナイの人々』や『騎士』ではさんざ手ひどい目に遭ってでも時の権力者を槍玉にあげ、彼らの政策を嘲弄し尽くしているが、その厭戦的主張や反権威意識はいかなる理念に裏打ちされたものでもないし、『雲』におけるソクラテスへの揶揄や『蛙』その他におけるエウリピデスに対するダブル・バインド的な反応も、けっして伝統的美風や道徳の維持に加担する守旧性を証すものではあるまい。アリストパネスは、ほとんど意味もなく、あらゆる機会を見つけて「一切を粉々に打ち砕き」つつ、彼らに食ってかかっているだけである。それは、およそ理屈をなさない身体そのものの意志の言語化であり、彼は、いわば裸形の生命力を暴論と暴言によって誇示しようとしているのである。その意味では、政治的糾弾もスカトロジーや露骨な性的言動をふりまくことと何ら変わりがない。『アカルナイの人々』でクレオンに一泡吹かせるディカイオポリスが、実は安逸と快楽をむさぼるエゴイストであるのは当然のことである。彼が(美食を求めて)勝手にスパルタと締結する平和協定《スポンダイ》は酒瓶に詰めて届けられ、その中味は献酒《スポンダイ》のためのワインにほかならない。

しかし、ひょっとすると、まさにここに天性の喜劇詩人としてのアリストパネスの「思想」を見てとることができるのかもしれない。彼が、プラトンの『饗宴』において、われわれ人間は本来の形姿を二つに断ち割られた存在であり、失われた身体の片割れを見いだし合体しようとしてやまない衝動がエロース(恋)であると語るとき、その卓抜な譬喩は、ほとんどソクラテス的なエロース論に拮抗しうるだけのものを、完全に身体化された次元で先取りしてみせてもいるからである。

寺田寅彦とルクレティウス

寺田寅彦のエッセーを一通り読んだのは、大学の一、二年の頃だった。入学が一九六〇年だったから、一学期は「安保」問題の大騒ぎのうちに過ぎ、二学期になってもその余燼はくすぶりつづけていた。彼の著作は、そんな「政治の季節」とはおよそ不釣り合いにも思われようが、たまたまその秋から新たな『寺田寅彦全集』が出たのを機に、まさに何となく読み始めて、すぐに月々の新刊を買わずにいられなくなったのだった。そのときのは新書の判型で、しかし柔軟なクロス装をほどこされて薄いクリーム色の紙箱に収まっていた。この体裁は、われわれの世代にはその前から同じ岩波版の『漱石全集』や『志賀直哉全集』などで馴染みきったもので、文庫本とは違う、少しばかり「贅沢」な書物を手にする実感がうれしかった。些細なことながら、もし別の判型、別の装丁だったら、ひょっとしてこの全集に手を伸ばすことなく終わったかもしれない、とも思う。そもそも寺田作品はけっして強烈な吸引力を持って迫ってくるものではないし、気構えて「読破」してやろうというようなものでもあるまい。しかし、どの一編にせよ、ごく自然にその中に引き込まれ、読み終えるとそのまま目が次の作品を追っている。そのほとんど惰性めいた時間へののめり込みがもたらす静かな充足感は、およそ他に得られない不思議な読書体験と言うほかかない。

手許にあるこの版は総じて執筆年次順に編集されているから、科学エッセーを集めた『万華鏡』系統のものも含めて、いろんなスタイルがいわば渾然として各冊をなしている。しかしこれはこれで寺田の作品世界が最も適切に定着されていると言えるのかもしれない。おそらく彼には多様なジャンルを「書き分ける」という意識はさしてなかったにちがいない。最初期の写生文的な小品であれ、科学解説的な文章であれ、彼の感性と知性は同じように対象を追い、同じように精緻で過不足のない言葉に写し取っていることに相違はなく、その内なる回路は一つであるのだろう。たとえば「花物語」〔全集第一巻〕の微妙な抒情と「物質とエネルギー」〔全集第五巻〕の明快な物象の記述とにほとんど同じ精神のリズムが刻まれており、読み手のわれわれもまた、それらをほとんど等質の心地よさで読み継いでいる。彼が意図して選び取った「随筆」というスタイルは、何を論じても当の事柄に最もふさわしい平明な言葉を釣り合わせる技法のことであり、それがたえず最良に成し遂げられることで一個の見事なコスモスがかたち造られているのである。

＊

今度久しぶりに新書版全集を取り出しあちこちを拾い読みしていると、やはり同じような心地よさがよみがえってきて切り上げにくくなり、結局「随筆篇」のあらかた(といっても、新版の半分程度の量だが)に目を通す仕儀となった。その中の一編「ルクレチウスと科学」〔全集第五巻〕は、比較的広く読まれたものに数えられようか。必ずしも彼の本領が顕著に発揮された「代表作」というのではあるまいが、改めて読み直して、やはり的確な論じ方になるほどと思うことしきりだった。「物理学者」としては、古代「元子」論(彼は古代アトミズムをこう呼んでいる)と近代原子論そして新原子論とを対比させることを論旨の基本にしているのは当然であろうが、けっして紋切り型の「解説」や「比較」ですまされていず、むしろこの壮大な哲学詩『事物の本性について』(全六巻)そのものに即してその「古典」としての魅力に踏み入って深い理解を示しつつ論を進めているところが、いかにも寺田らしい。彼が基本的に依拠しているのは W. E. Leonard の英訳(Everyman's Library)で、それに H. A. J. Munro の注釈書を参照しているだけである。文献的基盤はおよそ十全とは言いがたいのだが、しかし逆にそうした少ない材料からルクレティウスのテクストの核心を柔軟に読み取っていく力には驚かざるをえない。「私はただ現代に生まれた一人の科学の修業者として偶然ルクレチウスを読んだ、その読後の素朴な感想を幼稚な言葉で述べるに過ぎない」と彼は記しているが、これが書かれた昭和のはじめには、「日本の科学者の間にこの程度にすら紹介されなかった」のみならず、哲学史あるいは古典学の分野においても「この程度に」本格的に取り組まれる状況からいまだ遠かったはずである(以下も含め、引用は新書版全集より)。

むろん、寺田が関心をよせているのはもっぱら「自然科学者」としてのルクレティウスであって、共和制末期のローマに生まれ、真偽はともかく「媚薬のために発狂したが、狂気のはざまに何巻かの書を著し、のちにキケロがそれに手を加えた」(エウセビオス)と伝えられ、四四歳のとき自殺したとされるこの詩人の謎めいた生涯についてはもとより、彼の唯一の哲学詩についても、そこに展開された宇宙論を支えるエピクロス主義「哲学」は意図して視野の外におかれている。その意味では、彼にとって「ルクレチウス」とはレウキッポスとデモクリトスによって提唱されエピクロスによって継承発展された古代アトミズムの代名詞だと言ってよかろう。

この論考が書かれた二〇世紀前半は、言うまでもなくアインシュタインに代表される理論物理学の「英雄時代」で、彼らが論ずる素粒子的なミクロの世界や宇宙論的なマクロの世界はまさに日進月歩の勢いで新たな知見を開きつつあった。そうした学界の動向の只中にあって(寺田はアインシュタインと一歳違いだった)、彼はルクレティウスの伝える古代「元子」論をきわめてたんねんに読み解いていく。彼がそれに関心を向けたのは「ルクレチウスが、暗室にさし入る日光の中に舞踊する微塵の混乱状態を例示して物質元子の無秩序運動を説明したという記事に逢着して驚嘆の念に打たれたことがあった」からだという。『事物の本性について』第二巻一一二行目以下に語られるこの比喩は、無限の虚空間をどこまでも落下しつづける無限に多様な形状を持つ無数の元子がときにまったく偶然的に垂直方向から「曲がる」こと(クリーナーメン)で衝突や絡み合いを引き起こし、それらの離合集散によって一時的にある宇宙体系とその内なる諸事物を形成すると考えた古代アトミズムの骨子をきわめて鮮明に形象化している。寺田はたえずその一つの光景の中に立ちつくすようにしながら、ルクレティウスの詩行に秘匿された「現代科学」の最先端の諸相を感知していったのであろう。「物質原子の空間における配置と運動によってすべての物理的化学的現象を説明せんとするのが実に近代の少なくも十九世紀末までの物理学の理想であった。そうして二十世紀の初めに至るまでこの原子と空間に関するわれわれの考えはルクレチウスの考えから、本質的にはおそらく一歩も進んでいないものであった」と彼は認定している。

むろん「実験観測」を欠いたルクレティウスは「近代科学者」たりえてはいない。しかし寺田は、自らの物理的世界像に自らの生死をも託す彼の「徹底した科学者魂」を賞賛するとともに、古代「元子」論を導いているのが純粋な直観的洞察であり、いわば「目を閉じてかぎつけた事がら」であることをかえって高く評価する。「高級な数理の応用と、精緻な器械を用いる測定」が眼目となった時代の科学においては、ややもすれば「直観」は忌避されるべきものになっているが、今日においても独創性を持ったすぐれた研究を先導しているのは、実は「真理をかぎつける嗅覚」ではないのか、ということが寺田の本旨である。その見事な先例がルクレティウスにほかならない。その意味では、個々に指摘された現代的成果との類同性は、むしろ副次的なものでしかあるまい。ルクレティウスがなおも今日的意義を持っているとすれば、それは長大な詩行の内にいまだ読み解かれることなく潜んでいるはずの洞察力の宝庫としてである。「暗示に対して耳と目を閉じないタイプの学者ならば、ルクレチウスのこの黙示録から、おそらく数限りない可能性の源泉をくみ取る事ができるであろう」。

もっとも、やや「ないものねだり」を付け加えるとすれば、アトミズム以外の古代的直観の諸相にも広く目を向けてほしかったと思わずにはいられない。コンテクストの上では当然のことかもしれないが、ここで寺田はアリストテレスをはじめとする自余のギリシア・ローマ思想のすべてを「形而上学」として「科学」に対峙させている。しかし、たとえばプラトンの『ティマイオス』をルクレティウスと同等の目線でたんねんに読む機会がありえたとしたらどうだったろうか。この著作は古代きっての「形而上学」の書であるとともに、アトミズムと拮抗しつつ、それを批判的に進展させた「自然学」の書としての一面も持っている。プラトンによればアトム的存在(ここでは「四要素」という一定数のものに限られる)はいまだ究極的実在の位相ではなく、それらは幾何学的パターンとして表象される「要素三角形」へと解体され、その次元において相互転換が可能とされる。こうした思考の道筋は、(「要素三角形」がさらにその先へと解体されるべきことを含めて)明らかにアトミズム以上に近代物理学、とりわけ二〇世紀における素粒子論以降の展開に合致したものを「暗示」していよう。事実、「不確定性原理」を提唱したハイゼンベルクは本書から大きな示唆を与えられたのだった。彼は「現代物理学は断じてデモクリトスに対立し、プラトンの立場をとるものである」と語っている。しかしこれは、まさに寺田の主張がこの上なく有力な同士を得たことを意味する何よりの証左でもあったのである。

『経国美談』の古代ギリシア世界

明治中期に書かれた『経国美談』は、当時流行した歴史小説・政治小説の魁けをなすとともに、それらの中でも最大傑作の一つに数えられている。上巻は明治一六(一八八三)年、下巻は同一七年(一八八四)年に刊行された。作者は、言うまでもあるまいが、時の政官界にも大きな影響力を持っていた言論人、矢野龍渓(一八五〇―一九三一)である。

しかし、はじめて本書を開いた人ならおそらくだれしも驚かされることだろうが、作品の舞台は古代ギリシアにとられている。タイトルをフル表記すれば『斉武名士経国美談』。その「斉武」は「セーベ」とルビが振られるべきもので、ギリシアの主要なポリス(都市国家)の一つ、テーバイのことである。すなわち本書は、時空共に遥かなる前四世紀のテーバイに現われた「名士」たちが、当時の二大雄国たるアテナイとスパルタの狭間にあって、小国を急速に興隆させギリシア全土の覇権を握るまでの史実を長編小説に仕立てたものである。主要な登場人物はプルタルコスの『英雄伝』でもおなじみのペロピダスとイパミノンダス(エパメイノンダース)である(プルタルコスの『エパメイノンダス伝』は失われたが、『ペロピダス伝』は柳沼訳の第二分冊に所収)。

龍渓はむろん純然たる歴史小説を書こうとしたわけではない。明治二三(一八九〇)年の国会開設を間近にした、当時の日本の国情と政情がそこに重ね合わされていることは明らかである。殊に、「民政国」としての「政体ヲ維持シテ、尚ホ一層人民ニ政権ヲ与ヘント欲ス」る「正党」のメンバーが、スパルタの抑圧勢力と結託して「人民ノ公会ヲ滅絶シ、専ラ寡人専制ノ政治ヲ、行ハント欲ス」る「姦党」のクー・デタによって国を逐われるところから、苦難のすえに民主制を回復するまでを描いた上巻の顚末には、明治中期の藩閥(専制)政治に抗した民権運動や、その内部での自由党と改進党の対立状況、そして著者が信条とする「民権伸長」と「憲政樹立」の主張をアレゴリーのように読み取ることは容易である。事実、刊行後ただちに驚異的に版を重ねたのは、何よりも「政治小説」としての触発力によるものであったし、また本書に感動して民権運動に身を投じた青年たちも少なくなかったという。

ただし、龍渓は「自序」に「唯身自ラ遭ヒ易カラザルノ別天地ヲ作為シ、巻ヲ開クノ人ヲシテ苦楽ノ夢境ニ遊バシムルモノ是レ則チ、稗史小説ノ本色ノミ。故ニ稗史小説ノ世ニ於ケルハ、音楽画図ノ諸美術ト一般、尋常遊技ノ具ニ過ギザルノミ」と述べているように、作品の啓蒙的役割を離れて文芸としての独自性を明確に自覚していた。今にしてなお読むに耐えうる作品に仕上がっているのは、龍渓においてそれが単なる理念的空論ではなかったことをよく物語っていよう。「身自ラ遭ヒ易カラザルノ別天地」として古代ギリシア世界を鮮やかに「作為」している点でも、

「人ヲシテ苦楽ノ夢境ニ遊バシムルモノ」という点でも、作者の力量は卓越している。むろん坪内逍遥の『小説神髄』が書かれる以前のことである。

もっとも、いまだ近代日本語文体の揺籃期にあって、この作品自体がきわめて先鋭的な意識をもって新時代の文章のありようを模索しつつ書かれたものであるから、今日のわれわれにはけっして読みやすくはない。いや、原著そのものを前にしては、ペロピダスは「巴比陀」、イパミノンダス(エパメイノンダース)は「威波能」、ペリクレスは「兵理久・巴利倶」、アゼン(アテーナイ)は「阿善」、ピーリウ(ペイライエウス)は「比留」などと漢字で当て字表記された固有名詞の頻出だけでも、お手上げにちがいない。さいわい、それらをすべてカタカナ表記に改めるなど、懇切な編纂を施した岩波文庫版(小林智賀平校訂)あればこそ、ようやく繙書可能となっていると言わなければなるまい。しかし、当時入手しうるかぎりの歴史文献を踏まえ、あくまでも「史実」に即した記述を旨としつつ、大いなる想像力を加味したところに生まれた苦心のスタイルは思いがけず新鮮で、全篇ある種のさわやかさに満ちているところも、ほとんど司馬遼太郎を彷彿させせんばかりである。ときに話の本筋を離れ、その歴史の舞台背景や付帯的なエピソードに字数を費やすことで作品に大きなふくらみをもたらしている点も、図らずして両者に共通した「手法」となっている。

「斉武勃興ノ事」に強く惹かれた龍渓が「唯其大体骨子ハ則チ正史実蹟ナルヲ記」すために求めたのは、G・グロート(G. Grote 1794–1871)をはじめ、J・ギリス(J. Gillies 1747–1836)、C・サーウォール(C. Thirlwall 1797–1875)など、主としてイギリス人学者の手になる「諸家ノ希蠟史」であった。当時にあっては最高水準の文献といっていい。

龍渓は「大略」をそれらによりながら、細部については古代ギリシアへの憧憬の念に支えられた想像力を自由に駆使している。しかし、それがけっして木に竹を接いだような荒唐無稽に堕していないことには、感嘆するばかりである。テーバイを逐われたペロピダスたちの一行がアテーナイとの国境近くに差しかかったときのこと、敵に挟み撃ちにされ馬を御しきれずに、彼が増水した川に転落して行方不明になってしまうという派手なフィクションも加えられている。詳細なギリシア地図の入手もままならなかった著者は、ここで「已ムコトヲ得ズ、其ノ近傍ナルパルネス山ノ名ヲ仮リ来テ、之ヲパルネスト名」付ける苦心をしているが、「ユービア(エウボイア)ノ海ニ注グ」その川がまぎれもなくアソーポスに当たることが分かると、ついついこんなことも「正史」のどこかに書かれてあったのかと思い込まされてしまいそうになる。さらに、かろうじて漁師の親子に救われたペロピダスが彼らの小舟でピーリウ(ペイライエウス)に送り届けられるところなど、いかにも空想が過ぎるかのようでもあるが、その上陸地がかつてスラシュブルス(トラシュブゥロス)らのアテナイ民主派が「ツルテー、タイラント」(Thirty Tyrants 三十人政権)と激しい内戦を繰り広げて独裁制を倒した地であることに思いを馳せて、決意を新たにしつつアゼン(アテーナイ)へと「二条ノ長壁ノ間」を遡っていくストーリー展開には、むしろきわめて自然な小説的リアリティを感じさせられよう。

本書の持つ魅力の源としてけっして看過できないのは、著者がその背景をなす古代ギリシア世界の情景を、(博捜を尽くしたとはいえ)不自由な文献的限界の中で、驚くほど生き生きと、そして驚くほど的確につかみとっていることで、それは読み手にもはっきりと伝わってくるはずである。たとえば、アテナイでの亡命生活の一日、ペロピダスたちが市内を散策する場面では、「周囲七里ノ城壁ヲ以テ打チ繞ラシ」た中に「公私大小ノ家屋隙間モナク建テ連ナル」さまや、「第一ノ高丘」たる「アクロポリース」、それに連なる「アレヲパギス」(アレイオス・パゴス)、「プニキス」(プニュクス)の丘を正確な位置関係で俯瞰し、「最後ニ本城ナルアクロポリースノ北ニ方レル、一小丘」(アゴラーの丘のこと)に登り、「テセウム」(テーセイオン、今日ではヘーパイステイオンとされる)を眺めるのだが、その記述もまた、あたかも龍渓自身がそこを訪れたことがあるかのように生彩あるものとなっている。そうした「身自ラ遭ヒ易カラザルノ別天地」についての豊富な描写は、ここで「テセウム」にちなんでペロピダスが詳しく語る「テセス(テセウス)伝説」のような多くの挿話とともに、さらに読者の興趣を掻き立てたことであろう(そして今も掻き立てる力を持っていよう)。叙述のあちこちに「遇氏(グロート)、須氏(スミス)の希蠟史」などと括弧書きで「出典」を明示していることも、フェアーと言う以上に、真実味を与えるのに意外に大きな効果を挙げている。龍渓は本書の挿絵を担当した亀井至一にまで「聊モ古図中ノ器物服装ニ違フコトヲ許サズ」、可能なかぎり隅々まで正確な描画を期させたとのことで、彼自身が同様に周到な注意をすべての字句にめぐらすよう努めたのは当然のことであろう。

なお、テーバイのペロポンネシス(ペロポンネーソス半島)への進出を扱った下巻の執筆時には、龍渓はセノホン(クセノポン)の『ギリシア史』やプリューターチ(プルタルコス)の『英雄伝』(ともに英訳本であろう)を得ることができ、それによって「大ニ便宜ヲ得」たという。しかし、不思議というべきか、そのために「正史」を辿ることにいささか力点が置かれすぎて、かえって上巻に較べると作品としてはやや想像力に伸びを欠いたものになっているようにも思われる。挿絵画家の亀井に対して彼が述べた「若シ氏ヲシテ其意匠ヲ専ニシ、其筆力ヲ自由ナラシメバ、其巧妙愷特ニ斯ノ如キニ止マランヤ」という申し訳は、どうやら下巻での筆者龍渓自身にもそのまま当てはまるのかもしれない。ともあれこの一篇、プルタルコス『英雄伝』の秀逸なる遠い後裔と目するに足りよう。

〔付記〕　引用は岩波文庫版によったが、漢字は適宜新字体に改められている。

ガレノス覚書

「医聖」ヒッポクラテスの時代からほぼ六〇〇年、あたかも古代医学の歴史がようやく衰退に向かおうとしていた紀元後二世紀に、少なくともヒッポクラテスに次ぐほどの見識と学識を備えた、いま一人の大医学者が登場して、長い伝統のすべてを再結集し、それを後世に引き継ぐ基盤を整えることがなかったならば、ギリシア医学のすぐれた成果が、今日われわれの知りうるほどに確たるものとして伝承されることはなかったに違いない。あるいは、ヒッポクラテスさえ、これほど大きな声望を得ることがなかったかも知れない。ガレノス(後一三〇頃―二〇〇年以降)、彼こそはヒッポクラテス医学の最大の讃美者であり、唱道者であった。彼は、他の誰にもまして、およそ比類ないまでに、ヒッポクラテスの医学そのものとそれを支える根本精神に精通していることを、(時には、臆面もなくと言いたいほどに)自任していたが、また事実そう公言するだけの裏付けを、著作のかたちでも残している。今日『ガレノス全集』として伝えられているものは、一九世紀に編纂された標準版で全二〇巻(二二分冊)、およそ一万頁にのぼる。そして、アラビアおよび西欧中世の医学に継承されたギリシアの遺産の実質は、ガレノスの思想と著作にほかならなかった。それは今日に至るまでのアラビア・イスラム医学の基礎をなしているし、近世ヨーロッパにおいても(イスラム世界を経由して)イタリア医学派やスペイン医学派を形成し、さらに新たな近代西欧医学もまた、ガレノスを踏まえることによって確立されていったのである。

*

ヘレニズム時代のアレクサンドリアは、プトレマイオス王朝の首都として栄え、歴代の王の庇護の下に古代諸科学の結集再編の場となった。学術都市としてむしろアテナイを凌ぐほどの優位は、前三〇年にローマに制圧されてのちのグレコ＝ローマン時代にも長く維持され、はるか後代にイスラム勢力によって都市が破壊されるまでつづく。医学の中心地もまた、この時代においてはアレクサンドリアであった。前四世紀における最もすぐれた医学者であったカリュストスのディオクレスは、アリストテレスとほぼ同時代にアテナイで高名を馳せていたが、その弟子に当たるコスのプラクサゴラス(前四世紀後半)や、さらにその弟子であるカルケドンのヘロピロス(前三世紀前半)らは、活動の拠点をアレクサンドリアに移している。同じ時期にやはりその地で活動したエラシストラトス(ケオス出身か)は、クニドス派の流れを汲み、コス派のプラクサゴラスらの影響を受けながらも、他を凌ぐより大きな勢力をかたちづくった。エラシストラトスを奉ずる学派伝統はガレノスの時代にもなお盛んで、彼にとって最も強力なライバル的存在であった。

彼らアレクサンドリアの医学者たちは、いずれも哲学色の濃い医学理論を奉じており、後代からは「理論学派(ドグマティコイ、ロギコイ)」と呼ばれている。「ヒッポクラテス集成」やエンペドクレスによりながら、ギリシア医学に通有の「四体液説」とそれにもとづく生理学・病理学を固めたのはディオクレスであり、さらにエラシストラトスは、ストア派のクリュシッポスの考え方をそれに加味して、いっそうの理論的強化を図っている。

とはいえ、当時のアレクサンドリアにおいては、解剖も盛んに行われるようになっており、ヘロピロスやエラシストラトスは、囚人を使って生体解剖まで行ったと伝えられている。彼らには「解剖学派」の名もある。アレクサンドリア医学の盛行と発展がそうした「実証性」に支えられていたことはまぎれもないであろう。特にヘロピロスは解剖所見や観察事実にも大きな注意を払っており、むしろ「経験学派(エンペイリコイ)」の開祖とも見なされていた。その方向に医学を発展させた人たちとしては、コス出身で彼の弟子のピリノス(前三世紀半ば)や、ややのちにこの地で活動したタラスのヘラクレイデス(前一世紀前半)などがとりわけ重要である。しかし、このちもギリシア医学は「理論」性の重視を根幹とするものでありつづけ、人体の生理や病理、さらには人間の本性そのものの解明こそがその究極の課題であるとする姿勢を維持していった。

彼らよりもさらに遅れて、前一世紀のローマで活動したアスクレピアデス(小アジアのビテュニア出身)の一派は「方法学派(メトディコイ)」と呼ばれている。「共通容態説」(すなわち病気は身体要素の収縮・弛緩および両者の混合のありようによって起こるとする考え方)を唱えたラオディケイアのテミソンは、彼の弟子である。さらにガレノスに近い時代の人で、この学派を大成したのは、トラレスのテッサロス(後七九年没)であった。アレクサンドリアの理論学派(特にエラシストラトス)がストア派の自然学・哲学を基調としているのに対して、方法学派は、主としてデモクリトスおよびエピクロスによる原子論(アトミズム)の哲学を信奉する学派で、物体的な微粒子の運動とその「停滞」の状況によって、身体機能や病気のメカニズムを説明することを中心的課題としていた。彼らも広義には「理論学派」に含められようが、理論を対症療法的に適用し、症状をパターン化することに重点を置いたことから、別に呼び分けられる。ガレノスから見れば、両派はいずれも(誤った)哲学説を医学に直結させている点で、同じ誤謬を犯していることに変わりなかったが、よりいっそう非目的論的で機械論的な唯物論を唱える方法学派は、それだけいっそう激しく非難されるべき立場であった。その開祖のアスクレピアデスに対しては、『自然の機能について』などの著作において、ほとんど悪罵に近い口調で、その物理運動的な身体機構説明に批判のかぎりを浴びせている。

以上の三学派が、アレクサンドリア時代以降における古代医学の主要潮流であった。ガレノスの時代のローマにおいても、依然これらが学界の大勢を占めていたが、この他にもアッタレイアのアテナイオス(前二世紀)の理論を継承発展させた「精気学派(プネウマティコイ)」をはじめとして、さまざまな折衷的諸派が加わり、まさに百家争鳴的状況を呈していた。

＊

しかし、彼らにおけるこうした「原理論」への固執は、けっして「実証性」や「経験性」と相容れぬものではなかった。事実、可能なかぎりで解剖や実験を果敢に試み、それらの成果を取り入れることで「理論」を確証することがなされていったことに注意しておかなければなるまい。その結果として、別の面からすれば、彼らの医学は、けっして末梢的・局部的な医療技術に走ることなく、常に人間全体を視野に入れ、あらゆる人間的営為のネット・ワークの中に「医」を位置づけつつ進められていくメリットを伴うこととともなった。医学とは、彼らにとって、最も広義に解された「生理学」に等しいものであった。この共通の特質を、単に現実的課題を離れ理論本位に傾斜した誤謬、「哲学」的抽象性を払拭しきれなかった未成熟の科学として、一方的に断罪することは、当を得た批判とはなりえないのではないか。なるほど、実践的治療面での革新的成果には乏しいと言わなければならない。今日的レベルに比すれば、病因の診断や治療の手法は不十分なものにとどまっているし、器具や設備の不備は目に見えている。しかし彼らは、むしろそうした制約にもかかわらず、その中でなお総体としての人間の本性、生命事象の全体の原理に根ざした医学を追いつづけていたのである。彼らのこうした基本姿勢には、今日むしろ学ぶべきところが多いはずである。

とりわけガレノスには、当時の「科学」としての医学の成果を最大限に尊重・活用しながら、人間と生命の本性に立ち返り、「医」を言わば「全体論的」な視野の中で確保しようとする立場が明確に現われている。彼がひとまず「折衷派」の一人に数えられているのも、そうした立場をとったためにほかならないであろう。彼自身はヒッポクラテス医学に心酔し、「コス派」を自任していた。この学派のうちに、まさに「全体論的」な思想の理想を見いだしていたからである。

彼は「ヒッポクラテス集成」はもとより、アレクサンドリア諸派の医学文書をくまなく渉猟するとともに、初期の自然学者たちからプラトン、アリストテレスをへてストア派に至るまでの、あらゆる哲学思想を学び、また修行の過程においては同時代のさまざまな医学派の門をたたいている。しかし、彼の医学はけっして諸派の考え方の「折衷」の上に成り立ったものではなかった。むしろ、彼の独自性は、身体的自然本性のもつ合目的的な諸機能への洞察を踏まえて、あらゆる理論的硬直化と予断を排し、個別的事象(個々の患者の容態)に即した治療を施そうとしたところに認めることができよう。

もっとも、病気や苦痛は、基本的には、血液の中に消化残滓物(ペリットーマ)が停滞したり、血流の阻害によってそれらがスムーズに排出されないときに起こる、というのがガレノスの基本的な考え方であったから、彼の最も主要な治療方針は、瀉血によって有害な余剰要素を排除することにあった。このかぎりでは、対立諸学派がそれぞれの学説に従って、絶食させたり下剤をかけたり、あるいは身体を温めたり冷やしたりして、身体要素間のバランスを調整回復しようとしたことや、体液を調節しようとしたことと大差ない。ひとりガレノスが、当時のローマで圧倒的な信頼を勝ち得て、皇帝マルクス・アウレリウスの侍医として召喚されるまでに至ったとすれば、それはおそらく、誰にも優る豊富な医術体験と実際的な医療知識にもとづいて経験的に獲得された、より個別的な場面での(結果的に)正しい診断や予後を言い当てる力、解剖や手術の巧みさ、あるいは本草学的薬理学に精通していたことなどが役に立ったと考える方が適切であろう。

＊

つまり彼は「理論」と「実践」との峻別をよく心得ていた。彼の治療の基礎にある「ペリットーマ説」にしても、対立諸学派の想定するさまざまな原理に比較すれば、よりよく人体生理のメカニズムに即応したものである。また、その原理論の適用においても彼はきわめて柔軟で、実際の治療にさいしてそれをステレオ・パターン的に直結させてはいない。彼の基本姿勢は、むしろ「ヒッポクラテス集成」の基調をなしている自然治癒力・自然快復力への信頼と、それにもとづく無理のない養生法の勧めにあると考えるべきであろう。

彼はまた、その反面で、すぐれた実践家としての経験を踏まえて「理論」を吟味し、それをより的確で精緻なものに仕上げていく態度を失わなかった。彼の本領は、少なくとも今日的な視点から見るとき、すぐれた臨床医師としてよりも、むしろそこで行使される技術を人体と生命のシステムへとフィードバックさせて、その根拠の解明に努める理論的な「生理学者」としての側面にある。彼の膨大な著作の至る所に、精細な観察事実が示され、精密な実験による具体的な事実解明が提示されている。しかし、彼にとって重要なのは、それらの「事実」の意味の解明である。あくまでもそうした「事実」に根拠を置きつつ、個々の患者を多様な生命活動システムの統一体として捉えることから治療に当たり、そのシステムの総体を正統な「理論」によって取り押さえる方法をどこまでも求めつづけていくこと、あるいは、可能なかぎり厳密化された「科学」に基礎を置きながら、具体的な「人間」というシステムと「理論」というもう一つの統一システムとの間をたえず往復しつづけて、その全体を一貫する真実を解明すること——それがガレノスの構想していた医学に他ならなかった。

むろん、近代医学を経過した今日の目からすれば、ガレノスの医学理論にも、解剖所見にも、決定的な誤謬は無数に見いだされるであろう。それにもかかわらず、「今こそわれわれは、三〇〇年にわたって事実上黙視してきたガレノスに立ち返るべきときである」とA・J・ブロックが記したのは、すでに一〇〇年前のことであるが、その指摘は今日さらに意味深いものとなっているのではないか。「われわれの有する顕微鏡やX線が明らかにするものの力をも越えたところにある医療行為にとって、何が根本的に重要であるかを知る上で、彼はわれわれに手を貸してくれるだろう、と思われるのである。なるほど、もっぱら彼の著作の価値が、医学的知識の分野において、ある人物の達成した偉大な初期段階の一つを明らかにすることにあるのは疑うべくもないが、しかし、それはまた、断固としてそれ自体固有の本来的価値をも持っているのである」(Brock, A. J., *Galen On the Natural Faculties*, Cambridge, Mass., 1916, Introd. xxiv.)。

「賢者」プルタルコス

プルタルコスの著作として今日に伝えられているものは、数においても量においても、全古代著作家の中でもきわだっている(アレクサンドリアのピロンやアウグスティヌスのような、ユダヤ＝キリスト教関連を別にすれば、これに比肩するものはない)。ギリシアとローマの歴史人物それぞれ一名をペアにした二三組の「対比列伝」に加えて単独に取り上げた四人の伝記を含む『英雄伝』だけでも、「西洋古典叢書」(京都大学学術出版会)では比較的分厚い六分冊を占める予定で邦訳が進められている。また『モラリア』と総称されている、その他の論文・エッセーの集成は、全一五分冊にわたる予定である。むろん、伝承の過程で散佚したものも多い。彼の著作リストとして「ランプリアスの著作目録」なるものが、(後述するように)やや実体不明のルートを経て伝えられていて、そこには二二七の書名(二七八巻)が列挙されている。その大部分は(もし伝存していれば)『モラリア』に算入されるべきものである。しかし、現存のそれは、かえって「著作目録」に記載されていないものを多数含む八三篇(九七巻)にとどまっている。

それでも、こうした伝承事情はやはり大きな幸運に恵まれた結果だと言わなくてはなるまい。良好な伝承の最も大きな理由は、すでに存命中から彼の著作がギリシア＝ローマ世界に広く迎えられ、その後も古代末期に至るまで長く尊重されたことにあろう。ちょうど彼の歿した頃（後一二〇年前後）に生まれたマルクス・アウレリウスが、のちに『英雄伝』を遠征の陣中にまで携行したことはよく知られているし、彼ののちも多くのローマ皇帝の愛読書あるいは教養の書となったと伝えられている。また、やはり彼の没後間もない時期に書かれたゲリウスの『アッティカの夜』やパウサニアスの『ギリシア案内記』には、すでにプルタルコスを参照した痕跡や引用が認められる。

彼の著作は、一世紀遅れて登場しほぼ三〇〇年にわたって活動した新プラトン主義者たちにも、やや不思議なほどに、愛好尊重されている。プロティノスの弟子のポルピュリオスは『肉食の禁忌について』でプルタルコスを大々的に援用しているし、のちのプロクロスやダマスキオスなども、さらに本格的に彼の著作に取り組んでいる。なるほど、プルタルコスは紀元後のローマおよびアテナイでようやく始まりつつあったプラトニズム復興の先蹤者でもあったのだ。彼のプラトン哲学に関する論考はさほど多くはない。現存の『モラリア』にも含まれているのは三篇で、しかも十分に練り上げられた作品は「『ティマイオス』における魂の生成について」だけだと言っていい。プラトン哲学の個別具体的な論点を取り上げ、それにさまざまな解答を列記した「プラトン哲学の諸問題」にも興味深い指摘が少なくないが、それはなお試案的なメモ類の寄せ集めにとどまっているようだ。それらの論考は必ずしも正面からの吟味に耐えるだけの強力な議論の提示とは言えないにしても、(少なくとも彼の意図においては)プラトンのテクストに即したプラトン哲学理解を意識的に目指している点では、彼につづく「中期プラトニスト」たちよりも方法的に洗練され、議論の実質においても、むしろより高度なものの萌芽を見てとることができるのではないだろうか。

同時にストア派にも強い関心を払い、またエピクロスや初期哲学者たちにも精通していたが、しかし、彼が古代後期において長く人気と尊敬を集めたのは、「哲学者」という限られた存在としてではない。事実プルタルコスは、一面において、生地のカイロネイアにおいてのみならず、当時の政治の中心地ローマに赴いても高徳を謳われ人望を集めた実践の人であった。さらにデルポイの神官をも長く務めて、その地でも彼の事績は最大級の賞賛を得ている。その合間には極力郷里にあって研究や教育の活動に携わった。もっとも、腰を落ち着けて著作に専念したのは、かなり後年になってからのことだと考えられている。帝政ローマが(ともに暴君として名高い)ネロやドミティアヌスのもとにあった困難な時代を生きながら、彼の生涯にその暗い影はおよそ感じられない。そのこと自体が見事な「賢者」の証にほかなるまい。

しかも彼は古代的なものを超え出た新しいタイプの賢者だった。彼のアレテー(徳)は「偉大さ」には存しなかった。『モラリア』の議論の基調はしばしば平俗だとされる。なるほど彼は国家の理想や哲人への道を説いたりはしない。むしろ平常なる生を平常に生き抜くことにこそ、彼の英知は傾けられている。そしてそこには、けっして容易ではなかったはずの国事公事を淡々とこなしつつ、家庭を愛し充実した日常を大切にする彼自身の生き方(あるいはむしろ生活)が至るところに鮮明に映し出されている。それは「平明」ではあってもけっして「平俗」ではあるまい。いかにも彼は易々と語っているが、明らかにその背後には、乱世を熟知した者が、それを知りつつ、かえって平常の生のうちに真なるものを見極めようとする深い自覚と覚悟が宿されている。

彼がボイオティアの一小邑にすぎないカイロネイアでの生活を好んだことはたしかである。しかし、それはけっして「隠棲」を意味するものではなかった。その点で、類似しているかに見える晩年のクセノポンの理想とも根本的に異なっている。『モラリア』中の一篇に、エピクロスの掲げた「隠れて生きよ」というモットーがいかに不自然なものであり、それはむしろ不遜と尊大さの裏返しでしかありえないことを論じた(おそらくは未完の)論考がある(京大出版会版「第一四分冊」所収)。彼はカイロネイアを与えられた生の場として、ただその地に生きることに努めたのであろう。与えられた場での一回限りの生をいかようにでも全うすること、ほんとうはそれが英知なのだ、と彼は静かに語っている。

さきに触れた「ランプリアスの著作目録」に立ち返りたい。これがそう呼ばれるのは、当該写本に付された書簡の一節に「あなたがほしがっていた、わたしの父の著作一覧を送りました」とあることと、後期ビザンツの時代に編まれた古代辞典『スーダ』に「ランプリアス」が(誤って)プルタルコスの息子の名とされ、彼が「父のギリシアおよびローマの歴史についての著作一覧を作成した」と記されていることとが無批判的に結びつけられた結果である。もとより、それがプルタルコスの息子の手になる目録であるとすることは、実際には不可能である。ロウブ版『モラリア』第一五分冊の編者(F. H. Sandbach)は、これをどこかの図書館の所蔵目録に類したものと見なす説(M. Treu)を紹介し、年代的には(プルタルコスの没後一〇〇年以上を経た)後三世紀ないし四世紀とする立場を支持している(ちなみに、Treu は、この目録の五六番目に「アリストテレスの『トピカ』八巻」が混入していることに注意して、古代の図書館でも、今日と同様、誤った書棚に書物が置き間違えられることがあったのだ、という面白い観察を付している)。なるほど、これがけっして十全な目録ではないことは明瞭である。その証拠には、伝存著作の三倍近い数を列挙しながら、その中に(伝存するもので)まぎれもなく真作と見なされるべきものが相当数含まれていないのである。また逆に、「ランプリアスの著作目録」に挙げられているものには、著作名によってだけでも偽作(ないし擬作)としか思われないものが少なくないのである。

『モラリア』はある種の謎に満ちた著作群である。そもそも『モラリア』という論集が最初にあったわけではない。プルタルコスの名で伝えられた多数の論考のうち、一部だけは徐々に『英雄伝(対比列伝)』として纏まりを持っていき(「ランプリアスの著作目録」は、なおその生成過程を反映している)、自余の諸作品は、たえず離合集散を繰り返しつつ、伝承の歴史を漂ってきたのであろう。その間に多くのものが失われるとともに、別人の手になる雑稿の多くがプルタルコスの名のもとに糾合されてもきたにちがいない。とはいえ、それらが篤い尊崇の念に支えられてきたこともたしかであろう。さもなければ、下書き的な草稿やほとんどメモに類する断簡までもが長く伝えられることはありえなかったはずである。したがって、没後のある時期に彼の道徳論を中核にして、その後次第に膨大化した『モラリア』とは、帝政期ローマを静かに生きつつ充実した生の実現を図った(複数の)ギリシア的英知の総体であると言ってよかろう。プルタルコスは、いかにもそれの担い手たるにふさわしい存在だった。カイロネイアは、彼によって普遍的な生の空間と化されている。

伝承の中での「プルタルコス」とは、そうしたかたちでこの時代の人びとの間に定着した新たな「賢者」像のことにほかなるまい。その像は等身大であることによって、かえって多くの人たちを惹きつけたのである。西洋中世が長く彼を看過したにもかかわらず、なお近世に多くが継承されたことは、それ以前の伝統がいかに根強いものであったかを物語っている。

あとがき

古代ギリシア世界ははるかに時空を隔てた遠い異郷でありながら、今日まで伝えられた著作をはじめとするその豊穣な文化遺産に、いつも不思議なほど親近感を覚えてきた。これはわたしの一方的な思い込みによるところもありそうだが、やはり他の多くの古代文化に比してより大きな普遍性を有していることが、直接われわれに対しても生き生きした共通の場を開くことを可能にしているからではないだろうか。そしてその普遍性は、彼らの意識と眼差しが常に人間の本性の(ほとんどフィジカルな意味で)きわめて深いところにまで到達し、たえずそこを起点として、ギリシア世界にのみあり得た自由な精神の活動がなされていたことが、むろん多くの時代的制約をはらみつつも、同時にそれを超える力をもたらしている結果なのではないかと思う。また、とりわけ書かれたものについて言えば、ギリシア語という柔軟自在の媒体の存在が彼らの精神活動の成果であると同時に、それあればこそ彼らの精神活動は柔軟自在に展開され、そこにもたらされた表現として無類の高みを実現しているのであろう。

その豊穣さのかぎりを、そこに息づいているがままに明らかにしてみたいと思いつづけてきた。これまで、曲がりなりにもプラトンを中心とする哲学の領域を主たる研究分野としてきたが、関心はたえずその固有の場から逸脱してばかりだった。本書の構成にもその拡散ぶりは歴然としていよう。それには、哲学思想を古代文化総体の中で考え直してみることで新たにその潜在的な活力を引き出しうるのではないかという見通しを自分なりに立ててのことではあったが、そして自分なりには新たな「ギリシア」を見いだした感触がないわけではないが、おおよそのところは一人相撲に終わっているのは否みがたい。本書第Ⅰ部は、あえて所与の古代ギリシア像に揺さぶりをかけ、それを見直すための足がかりを模索することに努めた経過報告のようなものである。そうした関心によって、近代西欧がルネサンスとその余波の中で、自らの「古典」として、新たに「発見」した(あるいは構成した)古代ギリシア・ローマ像がいかに突出してすぐれたものであったかを、かえって深く知らされることにもなった。彼らはそれを糧として新たな文明の基礎を形成することに成功した。しかし、これが唯一無二のものではあるまい。むしろそれもまた古代ギリシア・ローマという重層的なマトリックスの一断層面でしかなく、いまだ捉え切れていない新生面をひそめた深層があるという思いもより強くさせられた。タイトルに掲げた「変貌」とは、むしろわれわれの側での関心のありようや視点の「転換」によって現出してくるもののことである。

第Ⅱ部以下の諸論考はほとんどが与えられた発表の機会に合わせて寄稿したもので、スタイルもそれぞれに異なっている。必ずしも今述べたような「見直し」を意識して書かれてはいないが、その成否はともかくとして、どこか通念的な立場とは違う視点で自由に古代を見る仕方が習性のようになって底流しているかもしれない。その意味では、第Ⅲ部として纏められた初期ギリシア哲学関連の三つの稿がこの論集の核をなすべきものと言えよう。全宇宙のあり方とその転変の諸相の中で一体的に営まれているものとしてわれわれの生を位置づけようとする「ソクラテス以前の哲学者たち」に共通する思考前提こそがギリシア思想を一貫して支えるモチーフをなしており、いかなる場合にもそれを感知することなしには、真に「ギリシア的なるもの」は見えてこないのではないかという思いから、たえずこの世界に引き寄せられてきた。昨今のギリシア哲学研究のメイン・ストリームからは離れた領野ではあるが、わたしにとっては今もなお最も多くの考究課題をはらんだ対象でありつづけている。むろん、彼らの鋭い直感的洞察を独自の「論理」と張りつめた言語表現によって取り押さえたものが、たとえわずかな断片の形でしか伝えられていないにせよ、それ自体として比類のない魅力に満ちていることは言うまでもないが。

本書は、わたしにとって二冊目のギリシア思想論集ということになる。最初のそれに当たる『哲学の初源へ』(世界思想社)が刊行されたのは二〇〇二年で、ちょうど六〇歳を迎えたときのことだった。それから二〇年を経て八〇歳となる今年、その間にさまざまなかたちで発表してきた論考を再び一冊に纏める機会が与えられたことは、まさに望外の悦びである。雑駁な拙文の束の中から一冊に編むに当たって多くの知恵を貸してくださり、出版に漕ぎ着けてくださったのは、岩波書店の押田連氏である。また大荒れの原稿の細部まで目を配って誤りを正すとともに、注やギリシア語表記などを整えることでは、全面的に木原志乃さん(國學院大学教授)の手を煩わせた。巻末の「固有名索引」も木原さんの手に成るものである。お二人にはとりわけ深く感謝申し上げる次第です。

二〇二二年一月

内山勝利

内山勝利

1942年生．1967年京都大学文学部哲学専修卒，1975年同大学院博士課程中退．関西大学を経て1988年京都大学文学部助教授，教授，2005年定年，京都大学名誉教授．日本西洋古典学会委員長(2004. 6–10. 6)．古代ギリシア哲学とりわけプラトン哲学，ソクラテス以前の哲学．著書に『哲学の初源へ——ギリシア思想論集』(世界思想社，2002年)，『対話という思想——プラトンの方法叙説』(2004年)，『ここにも神々はいます』(2008年)，『プラトン「国家」——逆説のユートピア』(2013年，以上岩波書店)．共編著に『哲学の歴史』(中央公論新社，2007–08年)など．翻訳に『ソクラテス以前哲学者断片集』(1996–98年)，アリストテレス『自然学』(2017年，以上岩波書店)など．

変貌するギリシア哲学

2022年1月31日　第1刷発行

著　者　内山勝利《うちやまかつとし》

発行者　坂本政謙

発行所　株式会社 岩波書店
〒101-8002 東京都千代田区一ツ橋2-5-5
電話案内 03-5210-4000
https://www.iwanami.co.jp/

印刷・精興社　製本・牧製本

ISBN 978-4-00-024727-6　Printed in Japan

固有名索引(人名・地名)

長音の音引きは基本的に省略し，引用文での表記の細かな相違は無視した

ア 行

アインシュタイン A. Einstein　232
アウグスティヌス Augustinus　249
アエティオス Aëtios　127
アカイア Achaia　216, 217, 221
アカデメイア Acadēmeia　52, 53, 87, 91-3, 209
アガメムノン Agamemnōn　219, 221
アギス Agis　105
アキレウス Achilleus　216(アキリュウス), 217, 221(アキㇽレウス)
アクゥシラオス Acousilaos　125
アクミム(パノポリス) Achmim (Panopolis)　169, 211
アクロポリス Acropolis　239
アゲシラオス Agēsilaos　115
アケロン(川) Acherōn　87
アスクレピアデス Asclēpiadēs　243, 244
アソポス(川) Asōpos　238
アダム J. Adam　166n.1
アッタレイア Attaleia　244
アテナイ Athēnai　7, 10, 39, 40, 44, 52, 53, 58, 87, 99-108, 110, 116-8, 208, 224, 225, 235, 237-9, 242, 250
アテナイからの客人　70
アテナイオス Athēnaios　244
アトミズム(原子論)／アトミスト(原子論者たち) Atomism/Atomist　5, 7, 42, 54-6, 111, 213, 231-4, 244
アトレウス Atreus　221
アナクサゴラス Anaxagoras　43, 44, 51, 143n.8, 185
アナクシマンドロス Anaximandros　30, 42, 48, 49, 56, 123-8, 133, 135, 141
アナクシメネス Anaximenēs　42, 133
アナス J. Annas　8
アプロディシアス Aphrodisias　52
アプロディテ Aphroditē　143n.6
アポカリュプス派修道院　206
アポロニア Apollōnia　42, 153
アポロン Apollōn　21, 34, 127, 130, 221
アリアドネ Ariadnē　197
アリアノス Arrianos　112, 119
アリストクセノス Aristoxenos　32
アリストテレス Aristotelēs　5-7, 15, 26, 39-46, 48, 50-3, 55, 57-62n.2, 70, 87-97(passim), 109, 128, 132, 174-7, 195, 199-202, 207, 208, 234, 242, 246, 253
　『トピカ』　253
　『生成消滅論』　62n.2
　『気象論』　132
　『形而上学』　42, 43, 46, 174-6
　『哲学の勧め(プロトレプティコス)』　88, 91, 96
　『エウデモス』　88, 202(対話篇)

「断片集」 200, 201
『アテナイ人の国制』 202, 207, 208
アリストパネス Aristophanēs 224-8
『アカルナイの人々』 228
『蛙』 228
『騎士』 228
『雲』 228
『蜂』 223-5, 228
アルカイオス Alcaios 155
アルカディア Arcadia 192
アルキノオス Alcinoos 7
アルキビアデス Alcibiadēs 102, 104-7, 119
アルキメデス Archimēdēs 207
『方法』 207
『浮体について』 207
アルキュタス Archytas 54, 151
アルキロコス Archilochos 155
アルケラオス Archelaos 51, 185
アルビノス Albinos 63n.6, 209
アレイオス・パゴス Areios Pagos 239
アレクサンドリア Alexandria 58, 146, 242-4, 246
アレクサンドロス(大王) Alexandros 107
アレクサンドロス(アプロディシアスの) Alexandros 52
アレス Arēs 130
アンセルムス Anselmus 69
アンティステネス Antisthenēs 53, 90, 99, 100, 108, 112, 115
アンティポン Antiphōn 168, 209
『真理論』 168
アンドロニコス Andronicos 51, 201
アンピポリス Amphipolis 117
イェーガー W. Jaeger 20, 21, 24, 29, 37n.3, 60(64n.13)
イオニア Iōnia 7, 28, 31, 32, 51, 53, 56, 62, 101, 105, 133, 160, 185, 213
イオン Iōn 153
イソクラテス Isocratēs 91
イタリア Italia 33, 51, 59, 101, 102, 133, 185, 210, 213, 242
インウッド B. Inwood 180
ヴィラモーヴィッツ＝メーレンドルフ U. von Wilamowitz-Möllendorff 60(64n.12)
ウゥラニア Ourania 44
ウェスウィウス(ヴェズヴィオ)火山 Vesuvius/Vesuvio 210
ウェスト M. L. West 20, 24
ウェスパシアヌス T. F. Vespasianus 208
ウォーディ R. Wardy 22, 24
ヴォルフ F. A. Wolf 199
ヴラストス G. Vlastos 20, 30, 37n.4
エウエノス Euēnos 101
エウセビオス Eusebios 232
エウデモス(ロドスの) Eudemos 51
エウデモス(キュプロスの) Eudemos 88, 91
エウテュプロン Euthyphrōn 213
エウボイア Euboia 238
エウリピデス Euripidēs 228
エジプト Aigyptos 44, 202, 207-10, 213

エトルリア Etruria　88, 91
エパプロディトス Epaphroditos　112
エパメイノンダス Epameinōndas　235-7
エピクテトス　Epictētos　111-4, 116-9
　『談話集(ディアトリーバイ)』(人生談義)　112, 113, 116-9
　『要録(エンケイリディオン)』　112
エピクロス(派) Epicouros/Epicoureioi　6, 7, 39, 40, 53, 55, 56, 62n.1, 63n.9, 107, 108, 110, 111, 210, 232, 244, 251, 252
　「ヘロドトス宛書簡」　56
　「ピュトクレス宛書簡」　56
エペイロス Ēpeiros　112
エラシストラトス Erasistratos　242-4
エラスムス D. Erasmus　206
エリス Eris　155
エレア Elea　20, 33, 101, 128
エレアからの客人　70
エンペドクレス Empedoclēs　6, 20, 21, 31, 33, 43, 129, 131-4, 137, 138, 143n.6, 152, 153, 158, 161, 167-74, 177-81, 211, 243
オクシュリュンコス Oxyrhynchos　209
オズボーン C. Osborne　180, 182
オックスフォード Oxford　206
オデュッセウス Odysseus　155, 217
オリエント Orient　20, 25, 27, 28, 44, 46, 48, 58, 102, 107
オルビア Olbia　213
オルペウス／オルペウス教 Orpheus　31, 32, 44, 212
　『神統記』　212

カ 行

ガイオス Gaios　209
懐疑派 Scepticoi　39-41, 52
解剖学派 Anatomicoi　243
カイロ Cairo　209
カイロネイア Chairōneia　251, 252, 254
ガウ A. S. F. Gow　196
カーク G. S. Kirk　28, 37n.2, 150, 151, 161, 166n.3, 185
ガスリー W. K. C. Guthrie　32 (37n.6)
ガーダマー H.-G. Gadamer　14
ガダラ Gadara　210
亀井至一　239, 240
カリオペイア Calliopeia　143n.6
カリュプソ Calypsō　155
ガリレオ Galileo Galilei　69, 70
ガレノス Galēnos　241, 242, 244-6, 248
カーン Ch. Kahn　163, 166n.8
カント I. Kant　4, 59
キケロ Cicero　52, 70, 129, 173, 232
ギリス J. Gillies　237
キリスト(教) Christos　29, 207, 249
キュー王立植物園　192
キュニコス派(犬儒派) Cynicoi　53, 112, 117, 118
キュノサルゲス Cynosarges　53
キュプロス Cypros　88

キュレネ派 Cyrēnaicoi　53
キュロス Cyros　115
キングズレイ P. Kingsley　20, 21, 24
クセノパネス Xenophanēs　20, 26, 31, 37n.1, 47, 101, 128, 133, 142n.2, 153, 157-62
クセノポン Xenophōn　115, 119, 240, 252
『アゲシラオス』　115
『キュロスの教育』　115, 119
『ギリシア史』　240
グーテンベルク J. Gutenberg　206
國方栄二　119
クニドス(派) Cnidos　242
クノッソス Cnōsos　197
クラーク D. Clarke　206
クリティアス(プラトン『クリティアス』の) Critias　70
クリティアス(三十人政権の) Critias　209
クリュシッポス Chrysippos　243
クリュセス Chrysēs　221
クリュタイメストラ Clytaimnēstra　219
グレイ J.H. Gray　190
クレメンス Clemens　146
『雑録集』　146
グレンフェル B.P. Grenfell　209
グロート G. Grote　9, 237, 239
経験学派(エンペイリコイ) Empeiricoi　243
ゲーテ J.W. von Goethe　72
ケニヨン F.G. Kenyon　202, 208
ゲリウス Gellius　250
『アッティカの夜』　250
ケンブリッジ Cambridge　185-7, 191
コス(派) Cōs　242, 243, 246
小林智賀平　237
小林秀雄　41
コリントス Corinthos　116
ゴルギアス Gorgias　101
コンスタンティノープル Constantinople/Constantinopolis　59
近藤恒一　85n.1
コーンフォード F.M. Cornford　29
ゴンペルツ Th. Gomperz　19, 24, 61 (64n.14)

サ 行

サーウォール C. Thirlwall　237
サッポー Sapphō　143n.6, 155
サバーグ K. Sabbagh　189
サルモクシス Salmoxis　31
サンドバッハ F.H. Sandbach　253
シェイクスピア W. Shakespeare　72
シケリア(シチリア) Sicelia　101, 104
シセルトン＝ダイヤー W.T. T.-Dyer　192-7
シノペ Sinope　53, 99, 107, 108
司馬遼太郎　237
シャンクマン S. Shankman　22, 24
シュライエルマッハー F. Schleiermacher　59, 60(63n.10)
シュラクゥサイ Syracousai　88, 101
シュレディンガー E. Schrödinger　19
シュロス Syros　30, 125
ジョウエット B. Jowett　9
新ピュタゴラス主義 Neopythagoreanism　58

新プラトン主義(派) Neoplatonism 5, 7-9, 15, 58, 59, 63n.9, 250
シンプリキオス Simplicios 48 (63n.5), 49, 139, 142n.1, 170, 174, 175
『アリストテレス「自然学」註解』 63n.5, 142n.1
スケプシス Scēpsis 51
スコットランド Scotland 188, 189
スコフィールド M. Schofield 185
『スーダ』 Suda/Suidas 252
スターン W.T. Stearn 194
ステシンブロトス Stēsimbrotos 213
ステファヌス(版) Stephanus 59
ストア派 Stōicoi 5-7, 39-41, 52, 53, 55, 57, 63n.9, 107, 108, 110, 112, 146, 147, 243, 244, 246, 251
ストラスブール・パピルス Strasbourg Papyrus 167, 171, 211
ストラトン Stratōn 51
ストラボン Strabōn 51
『地誌』 63n.7
スネル B. Snell 114-5, 119, 129-31, 142.n.3, 143n.6
スパルタ Sparta 10, 104-6, 115, 228, 235, 236
スペウシッポス Speusippos 52
スミス W. Smith 239
ゼウス Zeus 113, 114, 118, 126, 142n.5, 218, 219, 221
ゼノン(ストアの) Zēnōn 7, 53, 57, 108, 110, 111
ソクラテス Sōcratēs 6, 15, 34-6, 39, 50-2, 54-7, 63n.4, 68, 70, 75-82, 84, 87-95, 97, 108, 112, 113, 115, 117, 118, 132, 227
ソクラテス以前 6, 19, 20, 39, 53-6, 61
(小)ソクラテス派 Minor Socratics 52-5, 57, 108
ソティオン Sōtiōn 51
ソフィスト(たち) Sophistēs 39, 54, 101, 168, 209
ソロン Solōn 44, 45, 126, 155

タ 行

ダイヤー →シセルトン＝ダイヤー
タソス Thasos 213
田中美知太郎 63n.11
タレス Thalēs 15, 25, 29, 30, 39, 42, 44, 48, 91, 145, 160
タンヌリ P. Tannery 19, 24, 61 (64n.14)
中期プラトン主義 Middle Platonism 50, 63n.6, 209, 251
中国 China 21, 22
ツァンツァノグルー K. Tsantsanoglou 212
ツェラー E. Zeller 43(62n.3)
ツタンカーメン Tutankhamen 209
坪内逍遥 237
ディオクレス Dioclēs 242, 243
ディオゲネス(アポロニアの) Diogenēs 42, 153
ディオゲネス(シノペの) Diogenēs 53, 99, 100, 107-17
ディオゲネス・ラエルティオス Diogenēs Laertios 44-6, 50-2, 56, 99, 119, 180, 201, 202
『ギリシア哲学者列伝』 44, 51, 99, 108-10, 115, 119
ディオスコリデス Dioscoridēs 192

ディオニュシア祭 Dionȳsia　226
ディオニュシオス Dionysios　129, 173
ディオニュソス Dionysos　165, 224
ディケー（正義の女神） Dicē　126
ティッサペルネス Tissaphernēs　105
ディドロ D. Diderot　71
ティマイオス Timaios　70, 143n.6
ティマンドラ Timandra　106
テイラー T. Taylor　9
ディールス H. Diels　19, 24, 54, 61, 142n.1, 162, 166n.7, 168, 209
ディールス＝クランツ H. Diels-W. Kranz　24, 37n4, 54, 55, 63n.8, 138, 139, 167, 168, 170, 178, 180–2
テウタメス Teutamēs　147
テオプラストス Theophrastos　48, 49, 51, 123–5, 142n.1, 195
　『植物誌』　192
　『自然学説誌』　142n.1
デカルト R. Descartes　69, 70
テセイオン Thēseion　239
テセウス Thēseus　239
テッサリア Thessalia　76
テッサロス Thessalos　244
テッサロニキ Thessalonicē/Thessaloniki　212
テーバイ Thēbai　235, 238, 240
テミストクレス Themistoclēs　102–7, 119
テミソン（キュプロスの僭主の） Themisōn　88
テミソン（ラオディケイアの） Themisōn　244
デモクリトス Dēmocritos　5, 42, 54, 55, 111, 153, 213, 232, 234, 244
デュラント S. Durrant　22, 24
寺田寅彦　229–34
デリオン Dēlion　117
デルヴェニ・パピルス Derveni Papyrus　212
デルポイ Delphoi　34, 163, 251
土井晩翠　215–8, 220
トゥキュディデス Thucydidēs　63n.4
　『歴史』　63n.4
ドッヅ E. R. Dodds　19, 24
ドミティアヌス T. F. Domitianus　111, 112, 251
トムソン D’Arcy W. Thompson　190
トラキア Thracia　31, 106
トラシュブゥロス Thrasyboulos　238
トラシュロス Thrasyllos　59, 213
トラレス Tralles　244
トリニティ・カレッジ Trinity College　188
トロイ M. Treu　253

ナ 行

ナイル Nile　169, 211
　ナイル・デルタ Nile Delta　209, 213
ナウシパネス Nausiphanēs　55
ナポリ Napoli　210
ニコポリス Nicopolis　112
ニーダム研究所　186
ニーチェ F. W. Nietzsche　61, 200,

201
ヌゥメニオス Noumēnios　58
ネロ Nero　111, 112, 251

ハ 行

ハイゼンベルク W. Heisenberg　19, 234
ハイベルク J. L. Heiberg　207
パウサニアス Pausanias　250
『ギリシア案内記』　250
バーカー E. Barker　10
バグダッド Baghdad　107
バークレー G. Berkeley　69
ハデス Haidēs　216(冥王), 218, 221
パトモス(島) Patmos　206
バーネット J. Burnet　19–21, 24, 61 (64n.14), 149, 150, 166n.2
ハムレット Hamlet　72
林達夫　69, 71–3, 85n.1
ハリカルナッソス Halicarnassos　101, 129, 173
パルナバゾス Pharnabazos　106
パルネス Parnēs　238
パルメニデス Parmenidēs　20, 91, 133–6, 145, 152, 153, 161, 173
パルメネイデス Parmeneidēs　20
ハント A. S. Hunt　209
ビアス Bias　147
ヒエラポリス Hierapolis　111
ピソ Piso　210
ヒッポクラテス Hippocratēs　241, 243, 246, 247
ヒッポニオン Hipponion　213
ヒッポリュトス Hippolytos　49
ビテュニア Bithynia　243
ヒトラー A. Hitler　11
ピートリー W. M. F. Petrie　209
ピートリー・パピルス Flinders Petrie Papyrus　209
ピュタゴラス／ピュタゴラス派 Pythagoras/Pythagoreioi　20, 25, 29–33, 37n.1, n.5, 43, 47, 51, 52, 54, 101, 128, 142n.2, 151, 185
ピリノス Philinos　243
ピロデモス Philodēmos　210
ピロラオス Philolaōs　151
ピロン Philōn　58, 249
ファイユーム Faiyum　207, 209
ファウスト Faust　72
フィチーノ M. Ficino　59
プトレマイオス K. Ptolemaios　201
プニュクス Pnyx　239
プラクサゴラス Praxagoras　242
プラトン Platōn　4–11, 15, 26, 33, 34, 36, 39–41, 43, 50–61, 63n.4, n.11, 67–75, 78, 81, 82, 84, 85n.1, 86n.6, n.8, 87–97(passim), 111, 117, 119, 128, 132, 143n.6, 167, 168, 185–7, 200, 206, 209–13, 234, 246, 250, 251
『ソクラテスの弁明』　34, 119
『クリトン』　91, 117–9
『メノン』　75, 76, 80–3
『饗宴』　228
『パイドン』　88, 89, 91, 93, 94, 132, 210
『国家』　8–11, 36, 82, 95
『パイドロス』　60, 83, 117, 119, 210
『テアイテトス』　81, 209
『政治家(ポリティコス)』　73, 74
『ティマイオス』　143n.6, 234,

250
『クリティアス』　143n.6
『第二書簡』　86n.6, 92
『第七書簡』　84
プラトン・アカデミー Accademica Platonica　59
プリエネ Priēnē　147
フリートレンダー P. Friedländer　72 (86n.5)
プリマヴェージ O. Primavesi　181, 211
プリュギア Phrygia　106, 111
プルタルコス Ploutarchos　63n.7, 105, 119, 135, 139, 174, 235, 240, 249-54
『英雄伝』　63n.7(『スラ伝』), 119, 235, 240, 249, 250, 253
『モラリア』　249-54
ブルクハルト J. Burckhardt　227
ブルケルト W. Burkert　20, 24, 31, 32, 37n.5, 181
フレンケル H. Fränkel　151 (166n.4)
プロクロス Proclos　135, 250
プロタゴラス Prōtagoras　101
ブロック A.J. Brock　248
プロディコス Prodicos　101
プロティノス Plōtinos　5, 7, 15, 50, 58, 250
ペイライエウス Peiraieus　237, 238
ヘカタイオス Hecataios　37n.1, 47, 128, 142n.2
ヘーゲル G.W.F. Hegel　19, 43, 61
ヘシオドス Hēsiodos　26, 37n.1, 47, 126-9, 134, 142n.2, 142-3n.6, 144, 155, 157, 158, 160
『仕事と日』　126, 142n.6, 144, 156
『神統記』　155
ヘシュキオス Hēsychios　201
ベッカー A. I. Bekker　199, 201
ベック A. Böckh　199, 200
ヘパイステイオン Hēphaisteion　239
ヘブリデス諸島 Hebrides　189
ヘラクレイトス Hēracleitos　6, 7, 26, 37n.1, 47, 54, 57, 63n.4, 92, 110, 128, 140, 142n.2, 144-7, 149-56, 159-65
ペリパトス派 Peripatēticoi　48, 51, 125
ベルク T. Bergk　207
ヘルクラネウム Herculaneum　210
ペルシア Persis　44, 101-7, 115
ヘルシャー U. Hölscher　20, 24
ペルセース Persēs　142n.6
ヘルメス Hermēs　44
ベルリン・パピルス Berlin Papyrus (Pap. Berol.)　207-9
ペレウス Pēleus　216, 217, 221
ペレキュデス Pherecydēs　30, 125
ヘロドトス Hērodotos　31, 46, 63n.4, 101, 149
『歴史』　31, 46, 63n.4
ペロピダス Pelopidas　235-9
ヘロピロス Hērophilos　242, 243
ペロポネソス Peloponnēsos　104, 106, 117, 240
ボイオティア Boiōtia　117, 252
方法学派(メトディコイ) Methodicoi　243
ポカイア Phōcaia　101

ポセイドニオス Poseidōnios　5
ポッパー K.R. Popper　10, 11, 20, 24
ポテイダイア Poteidaia　117
ホメロス Homēros　4, 25, 26, 37n.1, 47, 127, 129-31, 133, 134, 142n.4, n.5, 144, 154, 155, 157, 158, 160, 191, 215, 217
　『イリアス』　130, 131, 144, 154, 155, 215-7
　『オデュッセイア』　155, 215-7
ポリュペモス Polyphēmos　217
ポルピュリオス Porphyrios　178, 250
　『肉食の禁忌について』　250
ポンペイ Pompeii　210

マ 行

マイナー E.L. Minar Jr.　151 (166n.5)
マケドニア Macedonia　107
松平千秋　144, 216
マルクス・アウレリウス Marcus Aurelius A.　111, 147, 247, 250
マルティン A. Martin　181, 211
『万葉集』　168
マンロ H.A. Munro　231
ミノア Minōs/Minoas　197
ミラー M.H. Miller　73(86n.7)
ミル J.S. Mill　9
ミレトス(派) Milētos　29, 30, 164
ミロのヴィーナス　3, 4
ムゥサ(ミューズ) Mousa/Mousai　44, 134, 142-3n.6
ムゥサイオス Mousaios　44
ムソニウス・ルフス G. Musonius Rufus　112
メノン Menōn　76, 78, 80, 84
メリッソス Melissos　153
メンデス Mendēs　213
モスト G.W. Most　143n.7
モリエール Molière　72

ヤ行・ラ行・ワ行

矢野龍渓　235-42
ライプニッツ G.W. Leibniz　69
ラオディケイア Laodiceia　244
ラッハマン K. Lachmann　199, 200
ラム(島) Rùm　189
ランプリアス Lamprias　249, 252, 253
リヴォー A. Rivaud　72
リッチュル F.W. Ritschl　200-2
リノス Linos　44
リュケイオン Lyceion　53
『両論』　168
理論学派(ドグマティコイ，ロギコイ) Dogmaticoi/Logicoi　243
リンゼル A. Lindsell　191, 195-7
リンネ C. von Linné　195
ルクレティウス T. Lucretius C.　49, 56, 231-4
　『事物の本性について』　56, 231, 232
ルネサンス Renaissance　8, 18, 59
レイヴン J.E. Raven　185-98
レウキッポス Leucippos　42, 54, 232
レオンティノイ Leontinoi　101
レト Lētō　221
レナード W.E. Leonard　231
レーニン V.I. Lenin　11

ロイド G. E. R. Lloyd　21, 22, 24, 186, 187, 198
ローゼ V. Rose　199-202
ロック J. Locke　69
ロドス Rhodos　51, 201
ロング A. A. Long　40(62n.1), 143n.7
ロンドン・パピルス London Papyrus　208
ワーズワース W. Wordsworth　9

初出一覧

I　ギリシア哲学への新視座

創造的発見の場としての古典
　人事院公務員研修所編『古典に学ぶ』所収，73–83，2005(平成 17)年 9 月
古典の挑発力：「西洋古典学」から「ギリシア・ローマ学」へ
　『西洋古典学研究』51，107–114，2003(平成 15)年 3 月 20 日
英知と学知のあいだ：古代ギリシア哲学が求めたもの
　『総合人間学叢書』4(東京外国語大学 AA 研究所)，61–66，2008(平成 20)年 3 月
変貌する哲学史：ギリシア哲学世界から見えてくるもの
　飯田隆ほか編『岩波講座・哲学』第 14 巻〔哲学史の哲学〕(岩波書店)所収，3–26，2009(平成 21)年 4 月 28 日

II　ソクラテスの余波

プラトン的対話について：若干の補遺と再確認
　片柳榮一編『ディアロゴス』(晃洋書房)所収，3–18，2007(平成 19)年 3 月 1 日
哲学の始点における断片的対話
　内山勝利，小林道夫，中川純男，松永澄夫編『哲学の歴史』別巻〔哲学と哲学史〕(中央公論新社)所収，173–182，2008(平成 20)年 8 月 30 日
ギリシア・コスモポリタン列伝：「世界市民」の可能性を考えるために
　京都文化会議記念出版編集委員会ほか編『こころの謎　kokoro の未来』(京都大学学術出版会)所収，337–360，2009(平成 21)年 11 月 30 日

III　言葉と宇宙

宇宙誌の文体：初期ギリシア哲学における言語と世界
　『アルケー』(関西哲学会)12，41–53，2004(平成 16)年 6 月 30 日
人の語りとしてのロゴス：ヘラクレイトスにおける言語と世界
　『人間存在論』(京都大学大学院人間・環境学研究科)3，441–451，1997(平成 9)年 3 月 31 日

解体する自然のさ中なる生：エンペドクレスの「新断片」発見によせて
『現代思想』(青土社)27(9)，100–107，1999(平成 11)年 8 月 1 日

Ⅳ　ギリシア哲学の周辺

西洋古典世界の植物相、あるいは J.E. レイヴンのこと
『図書』694，18–21；696，13–17，2007(平成 19)年 2 月 1 日，4 月 1 日
失われたテクストを求めて：V. ローゼのことなど
『アリストテレス全集』第 20 巻〔著作断片集 2〕(岩波書店)，付録月報 18，1–4，2018(平成 30)年 11 月 29 日
古代著作の再発見：中世写本から古代パピルスへ
内山勝利，小林道夫，中川純男，松永澄夫編『哲学の歴史』第 1 巻〔哲学誕生〕(中央公論新社)所収，675–682，平成 20 年(2008)2 月 25 日
連作短歌調『イリアス』：ホメロス定型訳の試み
『図書』682，20–23，2006(平成 18)年 2 月 1 日
乱舞する言葉の群
『ギリシア喜劇全集』第 3 巻〔アリストパネース 3〕(岩波書店)，付録月報 4，1–4，2009(平成 21)年 1 月 27 日
寺田寅彦とルクレティウス
『寺田寅彦全集』第 5 巻(岩波書店)，付録月報，1–5，2010(平成 22)年 1 月 8 日
『経国美談』の古代ギリシア世界
『モラリア 1』〔西洋古典叢書〕(京都大学学術出版会)，付録月報 74，2–5，2011(平成 23)年 4 月
ガレノス覚書
『体液理論を軸とする「ヒポクラテス全集」成立の研究』(平成 10–12 年度科研費研究成果報告書／代表者：E. M. クレイク)所収，13–22，2001(平成 13)年 3 月
「賢者」プルタルコス
『英雄伝 3』〔西洋古典叢書〕(京都大学学術出版会)，付録月報 85，2–5，2008(平成 20)年 7 月